Die Erfindung des Roboters
rational, analytisch und kontinuierlich

Eine Betrachtung

von

Lutz Spilker

DIE ERFINDUNG DES ROBOTERS – RATIONAL, ANALYTISCH UND KONTINUIERLICH

Bibliografische Information der Deutschen Nationalbibliothek:
Die Deutsche Nationalbibliothek verzeichnet diese Publikation in der Deutschen Nationalbibliografie; detaillierte bibliografische Daten sind im Internet über http://dnb.dnb.de abrufbar.

Softcover ISBN: 978-3-384-51313-7
Ebook ISBN: 978-3-384-51314-4

© 2025 by Lutz Spilker
https://www.webbstar.de
Druck und Distribution im Auftrag des Autors:
tredition GmbH, An der Strusbek 10, 22926 Ahrensburg, Germany

Die im Buch verwendeten Grafiken entsprechen den
Nutzungsbestimmungen der Creative-Commons-Lizenzen (CC).

Sämtliche Orte, Namen und Handlungen sind frei erfunden. Ähnlichkeiten mit lebenden oder verstorbenen Personen sind daher rein zufällig, jedoch keinesfalls beabsichtigt.
Das Werk einschließlich aller Inhalte ist urheberrechtlich geschützt. Nachdruck oder Reproduktion (auch auszugsweise) in irgendeiner Form (Druck, Fotokopie oder anderes Verfahren) sowie die Einspeicherung, Verarbeitung, Vervielfältigung und Verbreitung mit Hilfe elektronischer Systeme jeglicher Art, gesamt oder auszugsweise, sind ohne ausdrückliche schriftliche Genehmigung des Autors oder des Verlages untersagt.
Alle Rechte vorbehalten.

Inhalt

INHALT 5

VORWORT 12

    WAS IST EIN ROBOTER? 13
    WARUM DIESES BUCH? 13

MECHANISCHE WUNDER DER ANTIKE - DIE ERSTEN AUTOMATEN 15

    MYTHOLOGIE UND ERSTE VISIONEN MECHANISCHER WESEN 15
    HISTORISCHE AUTOMATEN DER ANTIKE 16
    MECHANISCHE TIERE UND KÜNSTLICHE MENSCHEN 17
    DIE BEDEUTUNG DER ANTIKEN AUTOMATEN FÜR DIE HEUTIGE ROBOTIK 18

DAS MITTELALTER UND DIE UHRWERKS-AUTOMATEN - DIE GEBURT DER MECHANISCHEN PRÄZISION 20

    DIE ENTWICKLUNG DER UHRWERKSTECHNOLOGIE 20
    UHRWERKS-AUTOMATEN IN KIRCHEN UND RATHÄUSERN 21
    DIE MECHANISCHEN WUNDERWERKE ARABISCHER UND CHINESISCHER INGENIEURE 22
    MECHANISCHE LÖWEN UND KÖNIGLICHE GESCHENKE 22
    DIE ROLLE DER AUTOMATEN IN DER GESELLSCHAFT 23
    DAS ERBE DER UHRWERKS-AUTOMATEN 24

LEONARDO DA VINCIS MECHANISCHE RITTER UND FRÜHE VISIONEN - DER GEIST EINES GENIES UND DIE GEBURT EINER IDEE 25

    EIN WUNDER DER INGENIEURSKUNST 26
    DIE INSPIRATION HINTER DER VISION 27
    WAR DER MECHANISCHE RITTER FUNKTIONSFÄHIG? 28
    DER EINFLUSS AUF DIE ROBOTIK DER ZUKUNFT 29

DIE INDUSTRIELLE REVOLUTION UND DER AUFSTIEG DER MASCHINEN - DIE GEBURT DES MASCHINENZEITALTERS 30

- Von Muskelkraft zur Mechanik 31
- Die Angst vor der Mechanisierung 32
- Automatisierung und der erste Schritt zum Roboter 33
- Die Dampfautomaten und mechanische Helfer 34
- Gesellschaftlicher Wandel durch Maschinen 34
- Das Vermächtnis der industriellen Revolution 35

AUTOMATEN IM 19. JAHRHUNDERT - VON SPIELZEUG BIS PRÄZISIONSWERKZEUGE 36

- Der Zauber der mechanischen Spielzeuge 37
- Musikautomaten und die Geburt der mechanischen Unterhaltung 38
- Mechanische Präzisionswerkzeuge - Der Fortschritt der Handwerkskunst 39
- Wissenschaftliche Automaten und die Grenzen des Machbaren 40
- Das Erbe des 19. Jahrhunderts für die moderne Robotik 41

DER ERSTE ›ECHTE‹ ROBOTER DIE ERFINDUNG DES BEGRIFFS 42

- Karel Čapek und die Geburt des Wortes ›Roboter‹ 44
- Warum ›Roboter‹ und nicht ›Automat‹? 45
- Der Einfluss des Begriffs auf Wissenschaft und Technik 45
- Die kulturelle Bedeutung des Wortes 46

WESTINGHOUSE UND ELEKTRO - DIE ERSTEN HUMANOIDEN MASCHINEN 48

- Die Geburt eines mechanischen Menschen 48
- Die Technik hinter Elektro 49
- Die öffentliche Wahrnehmung und Bedeutung 50
- Der Einfluss auf die moderne Robotik 51

ALAN TURING UND DIE THEORIE KÜNSTLICHER INTELLIGENZ - EIN GENIE UND SEINE VISIONEN 53

Ein Modell für künstliche Intelligenz 54
Die Kryptologie und der Zweite Weltkrieg 54
Wann ist eine Maschine intelligent? 55
Die ethischen Fragen und das Vermächtnis Turings 56
Turings Einfluss auf die moderne KI 57

CYBERNETIK UND DIE ERSTEN PROGRAMMIERBAREN MASCHINEN - DIE GEBURT DER STEUERUNG: MASCHINEN, DIE LERNEN UND REAGIEREN 58

Norbert Wiener und die Idee der Rückkopplung 59
Die ersten programmierbaren Maschinen 60
Von Lochkarten zu ersten Algorithmen 61
Cybernetik und Robotik – die Verbindung 62
Das Erbe der Cybernetik 62

INDUSTRIEROBOTER - DIE STILLE REVOLUTION DER FABRIKEN ... 64

Die Geburt der Maschinenarbeiter 64
Effizienz durch Präzision 65
Die unsichtbare Hand der Automatisierung 65
Vom Fließband zur intelligenten Fertigung 66
Die Schattenseiten der Automatisierung 67
Die Zukunft der Industrieroboter 67
Eine Revolution ohne Lärm 68

DIE RAUMFAHRT - ROBOTER IM ALL 69

Pioniere im All – die ersten robotischen Missionen 69
Roboter auf fremden Himmelskörpern 70
Der Einsatz von Robotern auf Raumstationen 71
Die Zukunft der Roboter im Weltraum 72

VOM SCIENCE-FICTION-TRAUM ZUR REALITÄT - HUMANOIDE ROBOTER ENTSTEHEN 74

Die ersten Visionen eines künstlichen Menschen 74
Pioniere der Technik 75
Fortschritte in der Robotik 76
Vom Labor in die Welt 77
Maschinen mit Seele? 77
Was erwartet uns? 78
Von der Vision zur Wirklichkeit 79

KÜNSTLICHE INTELLIGENZ - WENN MASCHINEN ›DENKEN‹ LERNEN 80

Maschinen auf dem Weg zur Intelligenz 80
Wie lernen Maschinen? 81
Wann wird eine Maschine wirklich intelligent? 82
Chancen und Risiken 83
Wohin geht die Reise? 84

ROBOTIK IN DER MEDIZIN - CHIRURGIE, PFLEGE UND PROTHETIK 85

Roboter in der Chirurgie 85
Wenn Roboter zu Helfern werden 87
Roboter in der Prothetik 88
Die Zukunft der medizinischen Robotik 89

AUTONOME SYSTEME - DROHNEN, FAHRZEUGE UND SMART HOMES 91

Drohnen als autonome Helfer 92
Die Revolution der Mobilität 93
Wenn das Zuhause mitdenkt 95
Die Zukunft der autonomen Systeme 96

ROBOTER IM ALLTAG - VOM STAUBSAUGER BIS ZUM DIGITALEN ASSISTENTEN 97

Die Evolution des Staubsaugerroboters 97
Die unsichtbaren Helfer im Alltag 98
Künstliche Intelligenz im täglichen Leben 99
Die Zukunft der Alltagsrobotik 100

ETHISCHE FRAGEN - DÜRFEN MASCHINEN ÜBER MENSCHEN ENTSCHEIDEN? 101

Autonome Systeme und Verantwortung 101
Algorithmen in Justiz und Medizin 102
Die Illusion der Objektivität 103
Maschinen und Moral 104
Die Zukunft der Entscheidungsgewalt 105
Ein Balanceakt zwischen Fortschritt und Verantwortung 106

ARBEITSMARKT DER ZUKUNFT - ROBOTER ALS KOLLEGEN ODER KONKURRENTEN? 107

Segen oder Fluch? 107
Zusammenarbeit im digitalen Zeitalter 108
Künstliche Intelligenz im Arbeitsmarkt 109
Die soziale Frage der Automatisierung 109
Wie gestalten wir den Wandel? 110
Zusammenarbeit statt Konkurrenz 111

DIE GRENZEN DER ROBOTIK - WAS MASCHINEN (NOCH) NICHT KÖNNEN 112

Die Illusion der Kreativität 112
Bewusstsein – das unerreichbare Geheimnis 113
Die Intuition – das Unbewusste als Stärke 114
Das Verstehen von Bedeutung 115
Emotionen – mehr als chemische Prozesse 115
Die Grenzen der Robotik – für immer oder nur vorübergehend? 116

DIE ZUKUNFT DER ROBOTIK - WOHIN FÜHRT DIE REISE? 118

Die nächste Generation der Robotik 118
Die Robotik und die Gesellschaft 119
Die ethische Dimension 120
Wohin führt die Reise? 121

EPILOG 122

ÜBER DEN AUTOR 124

IN DIESER REIHE SIND BISHER ERSCHIENEN 125

»Äh ... Falls ihre Bemerkung auf Sexualität hinzielt. Ich bin voll funktionsfähig programmiert auf multiple Techniken.«

Data

Data ist eine fiktive Figur in der Star Trek-Franchise. Er tritt in der Fernsehserie Star Trek: The Next Generation (TNG) und in der ersten und dritten Staffel von Star Trek: Picard sowie in den Spielfilmen Star Trek Generations (1994), First Contact (1996), Insurrection (1998) und Nemesis (2002) auf. Data wird von dem Schauspieler Brent Spiner verkörpert.

Vorwort

Von der Entwicklung eines vogelähnlichen, dampfbetriebenen Automaten, der bereits um 300 v. Chr. in den Himmel über Griechenland aufstieg, bis zu den hochkomplexen Maschinen der Gegenwart vergingen mehr als zwei Jahrtausende. In dieser Zeit trieben Forscher, Ingenieure und Visionäre die Entwicklung mechanischer Helfer immer weiter voran. Doch erst 1939 entstand der erste *humanoide* Roboter – ein Meilenstein, der den Beginn einer neuen Ära markierte.

Heute sind Roboter aus Technik und Produktion nicht mehr wegzudenken. Sie arbeiten unsichtbar in Fabrikhallen, optimieren den Alltag und übernehmen monotone oder gefährliche Aufgaben. Selbst wenn sie auf den ersten Blick nicht als Roboter erkennbar sind, stecken sie in vielen Anwendungen – vom autonomen Staubsauger bis zur hochpräzisen Chirurgieassistenz.

Das Sachbuch ›Die Erfindung des Roboters‹ erzählt die Geschichte dieser mechanischen Wesen: von den ersten Automaten der Antike bis hin zur modernen künstlichen Intelligenz. Es beleuchtet, wie Maschinen scheinbar eigenständig handeln, obwohl stets eine treibende Kraft – sei es Dampf, Elektrizität oder eine algorithmische Steuerung – hinter ihrer Funktionsweise steckt. Besonders spannend ist die Entwicklung von KIs, die keine physische Form mehr benötigen und dennoch die Art und Weise, wie wir leben und arbeiten, revolutionieren.

Was ist ein Roboter?

Die Frage, was einen Roboter ausmacht, scheint auf den ersten Blick leicht zu beantworten. Doch der Begriff *Roboter* ist facettenreich und längst nicht so eindeutig, wie viele annehmen.

Drei große Kategorien prägen die Welt der Robotik:

• Industrieroboter, die präzise und unermüdlich immer wieder die gleiche Aufgabe ausführen – eine Tätigkeit, die für den Menschen ermüdend und monoton wäre.

• Humanoide Roboter, die uns in Form und Bewegung ähneln, um natürlicher mit Menschen zu interagieren.

• Künstliche Intelligenzen, die in keiner greifbaren Hülle stecken, aber durch Rechenleistung, Datenverarbeitung und unübertroffene Objektivität den Menschen in vielen Bereichen übertreffen.

Warum dieses Buch?

Die Robotik entwickelt sich in atemberaubendem Tempo. Während viele Menschen noch von humanoiden Maschinen als ferne Zukunftsvision sprechen, sind Roboter längst Teil unseres Alltags. Doch oft fehlt das Bewusstsein dafür, wo und wie sie bereits wirken. Dieses Buch soll nicht nur die Geschichte und Technik hinter den Robotern erläutern, sondern auch ein Verständnis für die Unterschiede zwischen Maschinen und Robotern schaffen. Denn nicht jede hochentwickelte Apparatur – so komplex sie auch sein mag – ist automatisch ein Roboter.

Der rote Faden dieses Buches: Roboter sind keine Zukunftsvision mehr, sondern eine Notwendigkeit der Gegenwart. Dennoch bleibt für viele Menschen unklar, was genau einen Roboter ausmacht – oder wo die Grenze zwischen Maschine und Roboter verläuft. Dieses Buch klärt auf, schafft Verständnis und zeigt, warum ein Computertomograph zwar eine hochentwickelte Maschine, aber eben kein Roboter ist.

Tauchen Sie ein in die faszinierende Welt der Robotik und entdecken Sie, wie sich eine der spannendsten Erfindungen der Menschheitsgeschichte entwickelt hat – und wohin sie uns noch führen wird.

Mechanische Wunder der Antike
Die ersten Automaten

Wenn wir heute an Roboter denken, stellen wir uns hochentwickelte Maschinen mit künstlicher Intelligenz, mechanischen Gliedmaßen und autonomen Funktionen vor. Doch die Geschichte der Robotik beginnt nicht mit modernen Computern oder gar der industriellen Revolution – sie reicht weit zurück in die Antike. Bereits vor über zweitausend Jahren experimentierten Wissenschaftler, Ingenieure und Philosophen mit mechanischen Vorrichtungen, die erstaunliche Dinge vollbringen konnten. Diese ersten Automaten, oft durch Wasser, Luftdruck oder Gewichte angetrieben, zeigten, dass der Mensch schon damals nach Wegen suchte, Arbeit zu erleichtern, Staunen zu erzeugen oder göttliche Kräfte zu simulieren.

Mythologie und erste Visionen mechanischer Wesen

Schon in den frühesten Mythen und Legenden tauchen Automaten auf. Die alten Griechen erzählten von Hephaistos, dem Gott der Schmiedekunst, der mechanische Helfer erschuf, die ihm in seiner Werkstatt dienten. Besonders bekannt ist die Geschichte von Talos, einem bronzenen Riesen, der als Wächter Kretas fungierte. Talos, geschaffen von Hephaistos oder – in manchen Versionen – von Zeus selbst, patrouillierte die Küste der Insel und verteidigte sie gegen Eindringlinge. Er war ein autonom agierender Krieger, der seine Feinde mit glühender Umarmung oder gewaltigen Steinwürfen vernichtete. Die Vorstellung eines mechanischen Beschützers, der ohne menschliches Zutun handelt, könnte als eine der ersten fiktionalen Darstellungen eines Roboters gelten.

Auch die alten Chinesen und Ägypter kannten Legenden über künstlich erschaffene Wesen. Es gibt Berichte über mechanische Figuren, die in königlichen Zeremonien zum Leben erweckt wurden, um Herrscher zu beeindrucken oder religiöse Rituale zu begleiten. Diese frühen Geschichten zeigen, dass die Idee von Maschinen mit menschenähnlichen Fähigkeiten tief in der Vorstellungskraft der Menschheit verwurzelt ist.

Historische Automaten der Antike

Anders als in der Mythologie gab es in der realen Welt der Antike tatsächlich funktionierende mechanische Apparate. Der vielleicht berühmteste Erfinder dieser frühen Automaten war der griechische Ingenieur Heron von Alexandria. Im ersten Jahrhundert n. Chr. konstruierte Heron zahlreiche beeindruckende Maschinen, die auf physikalischen Prinzipien beruhten und für ihre Zeit revolutionär waren.

Eine seiner bemerkenswertesten Erfindungen war die Äolipile, eine dampfbetriebene Kugel, die sich durch den Ausstoß von Wasserdampf drehen konnte. Obwohl dieses Gerät nicht als praktischer Antrieb genutzt wurde, gilt es als eine der ersten bekannten Anwendungen von Dampfkraft – ein Prinzip, das Jahrhunderte später zur industriellen Revolution führen sollte.

Heron entwickelte auch automatische Tempeltüren, die sich durch Wasser- und Luftdruckmechanismen selbst öffneten, sowie eine Art ›Münzautomat‹, bei dem Gläubige eine Münze in einen Schlitz werfen konnten, woraufhin eine bestimmte Menge Weihwasser ausgegeben wurde. Solche Vorrichtungen wurden gezielt eingesetzt, um Tempelbesucher zu beeindrucken und ihnen die göttliche Macht der Religion noch deutlicher vor Augen zu führen.

Ebenfalls beeindruckend war sein Theaterautomat – eine komplexe Vorrichtung, die ganze Bühnenstücke mit beweglichen Figuren und Spezialeffekten zum Leben erweckte. Durch ein ausgeklügeltes System aus Seilzügen, Zahnrädern und Gegengewichten konnten die Figuren auf einer Bühne agieren, Vorhänge sich selbstständig bewegen und dramatische Szenen fast ohne menschliches Zutun abgespielt werden. Diese Automaten stellten eine frühe Form mechanischer Programmierung dar und zeigten, dass bereits in der Antike Konzepte entwickelt wurden, die später zur Automatisierung führten.

Mechanische Tiere und künstliche Menschen

Neben Heron von Alexandria gab es noch andere antike Gelehrte, die sich mit Automaten beschäftigten. In China soll der Erfinder Yan Shi, der um 1000 v. Chr. lebte, einen mechanischen Menschen präsentiert haben, der vor dem damaligen König tanzte und dessen Gliedmaßen sich auf beeindruckende Weise bewegten. Laut Überlieferungen soll der König so beeindruckt gewesen sein, dass er befürchtete, Yan Shi habe schwarze Magie verwendet. Als dieser jedoch die Maschine auseinanderbaute und ihre inneren Mechanismen zeigte, erkannte der König die wahre Natur des Geräts.

Auch in Griechenland gab es Versuche, künstliche Tiere zu erschaffen. Es existieren Berichte über mechanische Vögel, die flatterten, sowie Figuren, die auf Wagen fuhren und sich scheinbar von selbst bewegten. Diese Maschinen basierten auf simplen Prinzipien der Mechanik, nutzten jedoch bereits Konzepte, die in der modernen Robotik wiederzufinden sind: Getriebe, Hebel und Steuermechanismen, um vorhersehbare, aber faszinierende Bewegungen zu erzeugen.

Die Bedeutung der antiken Automaten für die heutige Robotik

Obwohl die Automaten der Antike keinen direkten Einfluss auf die Entwicklung moderner Roboter hatten, zeigen sie, dass das menschliche Streben nach Automatisierung und mechanischer Unterstützung keine neue Erscheinung ist. Schon vor Tausenden von Jahren nutzten Erfinder ihr Wissen über Physik und Mechanik, um Apparate zu erschaffen, die Aufgaben ohne direktes menschliches Zutun ausführten. Sie legten den Grundstein für spätere Entwicklungen, indem sie bewiesen, dass es möglich war, durch geschickte Nutzung von Energie und Mechanik Bewegungen und Abläufe zu steuern.

Viele der in der Antike verwendeten Prinzipien – etwa Hebel, Zahnräder oder Drucksysteme – finden sich in modernen Maschinen wieder. Während Herons Theaterautomat mit Seilzügen arbeitete, nutzen heutige Industrieroboter eine Kombination aus Software und Sensorik, um vorprogrammierte Bewegungen auszuführen. Auch die Idee von autonomen Maschinen, wie sie in der Legende um Talos beschrieben wird, spiegelt sich in heutigen Diskussionen über künstliche Intelligenz und Roboterethik wider.

Die ersten Automaten der Antike waren mehr als nur technische Spielereien – sie waren Ausdruck menschlicher Innovationskraft und des Wunsches, das Unmögliche möglich zu machen. Ob in der Mythologie oder in der realen Ingenieurskunst: Die Vorstellung von Maschinen, die selbstständig agieren, faszinierte die Menschheit schon immer. Auch wenn sich die Technologie seitdem drastisch weiterentwickelt hat, bleibt das Grundprinzip dasselbe: Maschinen sollen Menschen unterstützen, beeindrucken und Aufgaben übernehmen, die für uns selbst mühsam oder gefährlich wären.

Die Reise der Robotik beginnt also nicht mit den ersten Computern, sondern lange vorher – in den Werkstätten antiker Gelehrter, in den Erzählungen über mechanische Götterwesen und in den frühen Experimenten mit dampf- und druckbetriebenen Automaten. Ihre Geschichte ist die Grundlage für alles, was danach kam – und für alles, was noch kommen wird.

Das Mittelalter und die Uhrwerks-Automaten
Die Geburt der mechanischen Präzision

Mit dem Mittelalter verbindet man oft Bilder von Rittern, Burgen und großen Schlachten. Doch diese Epoche war auch eine Zeit des technologischen Fortschritts, in der das Wissen der Antike bewahrt, erweitert und schließlich zur Grundlage für neue Errungenschaften wurde. Während das Römische Reich fiel und Europa sich in kleinere Königreiche zersplitterte, überlebten die wissenschaftlichen Erkenntnisse antiker Denker in den Bibliotheken arabischer Gelehrter. Und es war genau diese Kombination aus überliefertem Wissen und neuer Innovationskraft, die im Mittelalter zur Entwicklung faszinierender mechanischer Konstruktionen führte: den Uhrwerks-Automaten.

Die Entwicklung der Uhrwerkstechnologie

Eine der größten technischen Errungenschaften des Mittelalters war die Weiterentwicklung der Uhrwerkmechanik. Die Notwendigkeit, Zeit genau zu messen, wurde immer dringlicher, da Städte wuchsen, Handelsrouten sich ausbreiteten und kirchliche Gebete strengen Zeitplänen folgten. Die ersten mechanischen Uhren entstanden im 13. Jahrhundert und wurden zu einer der wichtigsten technischen Errungenschaften ihrer

Zeit. Doch neben ihrem praktischen Nutzen für die Zeitmessung erkannten Ingenieure und Handwerker bald das Potenzial dieser Mechanismen für etwas weit Spektakuläreres: Bewegliche Automaten.

Uhrwerks-Automaten in Kirchen und Rathäusern

Während sich die ersten Turmuhren in den Kathedralen und Rathäusern Europas verbreiteten, begannen geschickte Handwerker damit, bewegliche Figuren in diese Uhrwerke zu integrieren. Bald konnten Stadteinwohner zur vollen Stunde nicht nur die Glocken einer Uhr schlagen hören, sondern auch faszinierende Szenen mechanischer Figuren bestaunen. Figuren von Heiligen, Engeln oder allegorischen Darstellungen bewegten sich, Posaunen erklangen, und kleine Theaterstücke wurden von Zahnrädern und Gewichten angetrieben.

Ein berühmtes Beispiel ist die astronomische Uhr in Straßburg, die nicht nur die Zeit anzeigt, sondern auch ein komplexes Spektakel mit beweglichen Figuren bietet. Der Prager Rathausturm ist ein weiteres Meisterwerk mittelalterlicher Mechanik. Dort erscheinen zu jeder vollen Stunde Figuren der zwölf Apostel, während ein skelettierter Tod die Sanduhr umdreht – eine Mahnung an die Vergänglichkeit des Lebens, vermittelt durch die Kunst der Mechanik.

Die mechanischen Wunderwerke arabischer und chinesischer Ingenieure

Während Europa von kirchlichen und bürgerlichen Uhrwerken geprägt wurde, florierte auch in der arabischen Welt das Wissen über Mechanik. Im 9. Jahrhundert verfasste der brillante Ingenieur Banu Musa ein Werk über automatisierte Geräte, das spätere Erfinder beeinflusste. Noch bahnbrechender war jedoch das Werk von Al-Jazari im 12. Jahrhundert, dessen Buch ›Das Wissen von genialen mechanischen Vorrichtungen‹ (ISBN: 975-170698X) detaillierte Beschreibungen komplexer Automaten enthielt. Dazu gehörten nicht nur Wasseruhren mit beweglichen Figuren, sondern auch Musikautomaten und sogar ein mechanischer Diener, der Getränke servieren konnte.

In China wiederum entwickelte Su Song im 11. Jahrhundert eine beeindruckende astronomische Uhr mit mechanischen Figuren. Diese Automaten zeigten nicht nur die Zeit an, sondern waren auch Ausdruck von Wissen und kaiserlicher Macht. Solche Entwicklungen verdeutlichen, dass die Faszination für mechanische Bewegung keineswegs auf Europa beschränkt war.

Mechanische Löwen und königliche Geschenke

Eine der bekanntesten Geschichten über Uhrwerks-Automaten aus dem Mittelalter stammt von keinem Geringeren als Leonardo da Vinci. Der Universalgelehrte soll einen mechanischen Löwen erschaffen haben, der bei einer Vorführung für den französischen König Franz I. eigenständig auf ihn zugelaufen sein und sich dann geöffnet haben soll, um eine Lilie – das Wappenzeichen des französischen Königshauses – zu präsentieren. Auch wenn es nur spärliche Aufzeichnungen über diesen Automaten gibt, zeigt die Geschichte doch, dass mechanische Kunstwerke oft als Geschenke oder Prestigeobjekte für den Adel dienten.

Ein weiteres Beispiel für solch königliche Automaten ist der berühmte ›Schreibautomat‹ von Al-Jazari, der in der Lage war, verschiedene Schriftzeichen auf Papier zu zeichnen. Diese Kunstwerke waren nicht nur technische Meisterleistungen, sondern auch Ausdruck von Macht und Wissen.

Die Rolle der Automaten in der Gesellschaft

Warum wurden im Mittelalter überhaupt so viele dieser mechanischen Wunder erschaffen? Einerseits waren sie Ausdruck technischer Meisterschaft und boten Gelegenheit, die Mechanik weiterzuentwickeln. Andererseits hatten sie oft eine tiefere Bedeutung. Bewegliche Figuren in Kirchen sollten religiöse Botschaften vermitteln und die Gläubigen in Ehrfurcht versetzen. Automaten in Rathäusern zeigten den Fortschritt der Stadt und unterhielten die Bürger. Und königliche Maschinen waren Machtsymbole, die den technischen Fortschritt eines Herrschers demonstrierten.

Aber es gab auch eine gewisse Mystik um diese mechanischen Wesen. Viele Menschen, die solche Automaten zum ersten Mal sahen, hielten sie für magisch oder gar übernatürlich. In einer

Zeit, in der das Wissen über Mechanik nicht weit verbreitet war, wirkten diese Konstruktionen wie Wunderwerke und verstärkten den Glauben an die außergewöhnlichen Fähigkeiten ihrer Schöpfer.

Das Erbe der Uhrwerks-Automaten

Mit der Renaissance und später der Aufklärung wurde die Mechanik immer weiter verfeinert. Die Uhrwerks-Automaten des Mittelalters legten den Grundstein für die komplexeren Automaten des 17. und 18. Jahrhunderts, die schließlich zur Entwicklung der ersten programmierbaren Maschinen führten. Ohne die mittelalterlichen Uhrwerke und ihre kunstvollen Figuren wäre die spätere Automatisierung, die zur industriellen Revolution führte, kaum denkbar gewesen.

Heute erinnern viele dieser Wunderwerke in Museen oder als funktionsfähige Zeitmesser in historischen Städten an die Zeit, in der Zahnräder, Gewichte und mechanische Figuren die Fantasie der Menschen beflügelten. Sie waren nicht nur Vorläufer der modernen Robotik, sondern auch Ausdruck eines tief verwurzelten menschlichen Wunsches: die Mechanik zu beherrschen, um die Welt ein Stück magischer erscheinen zu lassen.

Das Mittelalter war also nicht nur eine Epoche der Burgen und Schlachten – es war auch eine Zeit der technischen Meisterwerke, die noch heute faszinieren und als Grundpfeiler für die Zukunft der Automatisierung gelten.

Leonardo da Vincis mechanische Ritter und frühe Visionen
Der Geist eines Genies und die Geburt einer Idee

Leonardo da Vinci war ein Mann, der seiner Zeit in vielerlei Hinsicht voraus war. Als Maler, Bildhauer, Ingenieur und Universalgelehrter hinterließ er ein Vermächtnis, das bis heute Wissenschaftler und Künstler gleichermaßen inspiriert. Neben seinen berühmten Gemälden wie der Mona Lisa und dem Letzten Abendmahl war er auch ein Pionier der Mechanik und Technologie. Unter seinen zahlreichen Skizzen und Manuskripten finden sich Entwürfe für Flugmaschinen, Kriegsgeräte und hydraulische Systeme – und darunter auch Pläne für eine bemerkenswerte Konstruktion: einen mechanischen Ritter.

Leonardo lebte in einer Zeit, in der Wissenschaft und Kunst eng miteinander verwoben waren. Während das Mittelalter von religiösen Dogmen geprägt war, erblühte in der Renaissance eine neue Art des Denkens, die das Experiment und die Naturbeobachtung in den Mittelpunkt rückte. Inspiriert von der Mechanik antiker Automaten, träumte Leonardo davon, eine Maschine zu erschaffen, die den Menschen in Bewegung und Funktion nachahmen konnte. Sein mechanischer Ritter war nicht nur eine technische Spielerei, sondern ein Ausdruck seiner tiefen Faszination für Anatomie, Mechanik und die Grenzen des Möglichen.

Der mechanische Ritter

Ein Wunder der Ingenieurskunst

Leonardos Entwurf eines mechanischen Ritters stammt aus den 1490er Jahren und war ein Konzept für eine menschenähnliche Maschine, die sich eigenständig bewegen konnte. Die Zeichnungen und Notizen, die in seinen Codices überliefert sind, lassen erkennen, dass dieser Automat in der Lage gewesen wäre, Kopf, Arme und sogar Teile seiner Beine zu bewegen. Der Ritter sollte sich setzen, aufstehen und Arme und Hals unabhängig voneinander drehen können – eine außergewöhnliche Vorstellung für seine Zeit.

Das Grundprinzip hinter diesem mechanischen Wesen war die Nutzung eines komplexen Systems aus Seilzügen, Zahnrädern und Riemenscheiben, das sich tief an der Anatomie des menschlichen Körpers orientierte. Leonardo hatte sich intensiv mit dem Aufbau von Muskeln, Sehnen und Gelenken befasst, um diese in mechanische Elemente zu übersetzen. Der mechanische Ritter wurde so zu einem der ersten dokumentierten Versuche, einen humanoiden Roboter zu erschaffen.

Doch was war der Zweck dieser Konstruktion? Es gibt Hinweise darauf, dass Leonardo seinen mechanischen Ritter für die Unterhaltung der Medici-Familie konzipierte, die ihn förderte.

Der Automat hätte bei festlichen Anlässen als ein technisches Wunderwerk präsentiert werden können – eine Mischung aus Ingenieurskunst und höfischer Unterhaltung. Andere Theorien deuten darauf hin, dass Leonardo das Potenzial von mechanischen Soldaten für militärische Zwecke erkannte. Ein unermüdlicher, unverwundbarer Krieger aus Metall wäre eine unschätzbare Bereicherung für die Heere seiner Zeit gewesen.

Die Inspiration hinter der Vision

Leonardo ließ sich nicht nur von seiner Beobachtung der Natur und des menschlichen Körpers inspirieren, sondern auch von den technologischen Errungenschaften seiner Vorgänger. In der Antike hatte Heron von Alexandria bereits Automaten konstruiert, die sich durch Wasser- und Luftdruck bewegten. Auch die Uhrwerks-Automaten des Mittelalters, die in europäischen Kirchen und Palästen zum Einsatz kamen, waren Leonardo sicherlich bekannt. Doch während diese mechanischen Figuren in ihrer Bewegung stark eingeschränkt waren, wollte Leonardo einen Automaten erschaffen, der eine größere Bewegungsfreiheit und funktionale Ähnlichkeit mit dem Menschen hatte.

Ein weiteres Indiz für seine Inspiration findet sich in seinen anatomischen Studien. Leonardo sezierte zahlreiche menschliche Körper, um ihre Struktur und Funktionsweise besser zu verstehen. Seine detaillierten Zeichnungen von Muskeln, Gelenken und Knochen sollten nicht nur Malern helfen, realistischere Figuren zu schaffen, sondern dienten ihm auch als Grundlage für die Entwicklung biomechanischer Konstruktionen. Sein mechanischer Ritter war ein Versuch, dieses Wissen in eine künstliche Form zu überführen.

War der mechanische Ritter funktionsfähig?

Die große Frage, die Historiker und Ingenieure beschäftigt, lautet: Hätte Leonardos mechanischer Ritter tatsächlich funktioniert? In den 1950er Jahren rekonstruierte der Robotiker Carlo Pedretti Leonardos Entwürfe und stellte fest, dass die Mechanik in der Theorie umsetzbar gewesen wäre. Weitere Nachbauten in den frühen 2000er Jahren zeigten, dass die Konstruktion eines funktionierenden mechanischen Ritters mit den damaligen Mitteln durchaus möglich gewesen wäre – wenn auch mit gewissen Einschränkungen in der Beweglichkeit.

Leonardos Schriften enthalten oft bewusst Unvollständigkeiten oder verschlüsselte Darstellungen, was die Rekonstruktion seiner Erfindungen erschwert. Es ist möglich, dass er sich bewusst entschied, seine Ideen nicht vollständig zu dokumentieren, um sie vor Missbrauch zu schützen. Auch könnten finanzielle oder technische Beschränkungen dazu geführt haben, dass der mechanische Ritter nie über das Konzeptstadium hinausging.

Doch unabhängig davon, ob er tatsächlich gebaut wurde oder nicht, ist sein Einfluss unbestreitbar. Seine Ideen legten den Grundstein für spätere Entwicklungen in der Robotik und Mechanik. Viele seiner Prinzipien – wie die Nachahmung biologischer Bewegungen durch mechanische Systeme – finden sich in modernen Robotern wieder.

Der Einfluss auf die Robotik der Zukunft

Leonardo da Vincis mechanischer Ritter ist nicht nur ein faszinierendes historisches Artefakt, sondern auch eine frühe Vision dessen, was heute Realität ist. Seine Idee, eine Maschine zu erschaffen, die menschenähnliche Bewegungen ausführen kann, ist der Grundgedanke hinter humanoiden Robotern, die heute in Fabriken, im Gesundheitswesen und sogar in der Unterhaltung eingesetzt werden.

Seine Arbeiten zeigen, dass das Streben nach Automatisierung und Mechanisierung kein modernes Phänomen ist, sondern tief in der Geschichte der Menschheit verwurzelt ist. Leonardo mag keine funktionierenden Roboter geschaffen haben, aber seine Ideen haben Generationen von Ingenieuren und Wissenschaftlern inspiriert. Heute, in einer Welt, in der Künstliche Intelligenz und Robotik eine immer größere Rolle spielen, ist es faszinierend zu sehen, wie viele seiner Konzepte in modernen Maschinen wiederzufinden sind.

Leonardo da Vincis mechanischer Ritter ist ein Symbol für das grenzenlose Potenzial menschlicher Vorstellungskraft und Ingenieurskunst. Seine Entwürfe zeigen, dass die Idee des Roboters – einer menschenähnlichen Maschine, die selbstständig agieren kann – nicht erst mit der industriellen Revolution aufkam, sondern Jahrhunderte zuvor bereits in den Gedanken eines visionären Genies existierte.

Ob als Festattraktion, militärisches Experiment oder Ausdruck wissenschaftlicher Neugier – Leonardos mechanischer Ritter ist ein Meilenstein in der Geschichte der Robotik. Auch wenn er nie in seiner geplanten Form gebaut wurde, bleibt er ein faszinierendes Beispiel dafür, wie weit die menschliche Fantasie reichen kann. Und vielleicht ist es genau diese Fantasie, die uns antreibt, immer weiter zu forschen, zu experimentieren und die Grenzen des Möglichen neu zu definieren.

Die industrielle Revolution und der Aufstieg der Maschinen
Die Geburt des Maschinenzeitalters

Die industrielle Revolution markierte einen tiefgreifenden Wandel in der Geschichte der Menschheit. Während sich das tägliche Leben über Jahrhunderte hinweg nur langsam veränderte, brach mit dem 18. Jahrhundert eine Epoche an, die das Verhältnis zwischen Mensch und Arbeit für immer umgestalten sollte. Die Erfindung neuer Maschinen veränderte nicht nur die Art, wie Waren produziert wurden, sondern auch die Gesellschaft, die Wirtschaft und die gesamte Zukunft der Technologie. Es war die Geburtsstunde des Maschinenzeitalters – und damit ein entscheidender Schritt in der langen Reise zur Entwicklung des Roboters.

Von Muskelkraft zur Mechanik

Jahrhundertelang beruhte nahezu jede Produktion auf menschlicher oder tierischer Muskelkraft. Handwerksbetriebe fertigten Waren in mühsamer Detailarbeit an, und das Tempo der Herstellung war durch die körperlichen Fähigkeiten der Arbeiter begrenzt. Doch mit der Erfindung der Dampfmaschine durch James Watt in den 1760er Jahren veränderte sich alles. Plötzlich konnten Maschinen Arbeiten übernehmen, die zuvor nur durch unermüdliche menschliche Anstrengung möglich gewesen waren. Spinnmaschinen, Webstühle und mechanische Pressen ließen die Produktion explodieren, und Fabriken ersetzten nach und nach die traditionellen Werkstätten.

Die ersten Maschinen waren dabei keineswegs selbstständig oder gar intelligent. Sie benötigten menschliche Aufsicht und Steuerung, doch ihre Effizienz übertraf jede manuelle Arbeit. Mechanische Webstühle, wie der von Edmund Cartwright entwickelte, reduzierten die benötigte Arbeitskraft drastisch und ermöglichten eine gleichbleibende Qualität, die man vorher kaum kannte. Die menschliche Rolle wandelte sich von der ausführenden zur überwachenden Instanz: Menschen wurden zu Maschinenbedienern.

Die Angst vor der Mechanisierung

Mit der rasanten Verbreitung von Maschinen in Fabriken wuchs aber auch die Angst vor der Verdrängung menschlicher Arbeitskraft. Besonders die sogenannten Ludditen – englische Textilarbeiter zu Beginn des 19. Jahrhunderts – leisteten erbitterten Widerstand gegen die Mechanisierung. In ihren Augen waren die Maschinen nicht nur ein Symbol des Fortschritts, sondern auch der Zerstörung ihrer Existenzgrundlage. Sie zerstörten mechanische Webstühle und Fabriken, um den Vormarsch der neuen Technik aufzuhalten. Doch der Wandel war unaufhaltsam: Die Industrialisierung breitete sich unaufhörlich aus, und Maschinen wurden zu einem festen Bestandteil der Produktion.

Dieser Widerstand war ein früher Vorbote jener Ängste, die auch in späteren Epochen immer wieder aufkamen, wenn Maschinen menschliche Arbeit ersetzten. Die Diskussion über die Beziehung zwischen Mensch und Maschine begann mit der industriellen Revolution und setzt sich bis heute mit modernen Robotern und künstlicher Intelligenz fort.

Automatisierung und der erste Schritt zum Roboter

Während die ersten Maschinen noch stark von menschlichem Eingreifen abhängig waren, begann bald die Suche nach Mitteln zur Automatisierung. Joseph Marie Jacquard entwickelte im frühen 19. Jahrhundert den nach ihm benannten Jacquard-Webstuhl, der mithilfe von Lochkarten gesteuert wurde. Dies war eine der ersten Formen programmierter Maschinen und ebnete den Weg für spätere Entwicklungen in der Automatisierung.

Mit der fortschreitenden Mechanisierung wuchs auch das Interesse an selbstständig arbeitenden Maschinen. Ingenieure und Wissenschaftler begannen, sich intensiver mit der Frage zu beschäftigen, wie man Maschinen dazu bringen könnte, Aufgaben autonom auszuführen. Die industrielle Revolution brachte nicht nur die ersten automatisierten Maschinen hervor, sondern auch das Konzept der Steuerungstechnik, das für die spätere Entwicklung von Robotern unerlässlich war.

Die Dampfautomaten und mechanische Helfer

Mit der zunehmenden Bedeutung der Dampfmaschine entstanden zahlreiche Versuche, Maschinen noch eigenständiger zu machen. Selbsttätige Maschinen, die sich an veränderte Bedingungen anpassen konnten, wurden entwickelt. Charles Babbage, ein britischer Mathematiker, entwarf beispielsweise die Analytical Engine, eine mechanische Rechenmaschine, die als Vorläufer des modernen Computers gilt. Obwohl sie nie vollständig gebaut wurde, zeigte sie bereits, wie Maschinen durch logische Abläufe gesteuert werden konnten – eine wesentliche Grundlage für die spätere Robotik.

In der Industrie gab es bereits erste Versuche, Maschinen mit automatischen Steuermechanismen auszustatten. In der Montanindustrie wurden Förderbänder und Pumpensysteme entwickelt, die weitgehend eigenständig arbeiten konnten. Diese Systeme konnten zwar noch nicht *denken*, aber sie entlasteten die Arbeiter und veränderten den Produktionsprozess grundlegend. Die Idee, dass Maschinen Arbeit nicht nur erleichtern, sondern auch eigenständig ausführen könnten, wurde immer präsenter.

Gesellschaftlicher Wandel durch Maschinen

Die Industrialisierung brachte nicht nur technologische, sondern auch gesellschaftliche Umbrüche mit sich. Städte wuchsen rasant, da immer mehr Menschen Arbeit in den Fabriken suchten. Die Art, wie Menschen lebten und arbeiteten, wurde von Maschinen geprägt. Während Landarbeiter zuvor von den

Rhythmen der Natur abhängig waren, bestimmten nun Maschinen und Fabrikglocken ihren Alltag.

Die Mechanisierung führte dazu, dass Waren schneller, billiger und in größerer Menge hergestellt werden konnten. Dies hatte weitreichende Folgen für die Wirtschaft: Der Wohlstand nahm zu, aber gleichzeitig entstanden neue soziale Herausforderungen. Die Arbeiterklasse, die anfangs von den Maschinen verdrängt wurde, musste neue Fähigkeiten erlernen, um in der veränderten Arbeitswelt bestehen zu können.

Das Vermächtnis der industriellen Revolution

Die industrielle Revolution war nicht nur der Beginn des Maschinenzeitalters, sondern auch die Geburtsstunde der Automatisierung. Sie legte das Fundament für die moderne Robotik, indem sie die Prinzipien mechanischer Arbeitsteilung und automatischer Steuerung entwickelte. Ohne die Fortschritte in der Mechanisierung, die mit der Industrialisierung einhergingen, wären spätere Entwicklungen – von Fließbandrobotern bis hin zu autonomen Systemen – kaum denkbar gewesen.

Heute stehen wir vor einer neuen industriellen Revolution, in der Künstliche Intelligenz und Robotik eine zentrale Rolle spielen. Doch die Fragen, die mit dem Aufstieg der Maschinen aufkamen, bleiben die gleichen: Welche Aufgaben sollen Maschinen übernehmen? Welche Rolle spielt der Mensch in einer von Technologie dominierten Welt? Die industrielle Revolution hat diese Diskussion angestoßen – und sie ist heute aktueller denn je.

Die Maschinen haben das Gesicht der Welt verändert. Was einst mit dampfbetriebenen Webstühlen begann, führte über Automatisierung, Robotik und Künstliche Intelligenz zu einer neuen Ära der Mensch-Maschine-Interaktion. Die industrielle Revolution war der erste große Schritt auf dem Weg zur Erfindung des Roboters – einer Reise, die bis heute andauert.

Automaten im 19. Jahrhundert - Von Spielzeug bis Präzisionswerkzeuge

Das 19. Jahrhundert war eine Zeit großer technischer Fortschritte und Erfindungen. Mit dem Aufstieg der industriellen Revolution und der zunehmenden Mechanisierung wurde der Weg für eine neue Generation von Automaten geebnet. Diese faszinierenden mechanischen Konstruktionen dienten nicht nur der Unterhaltung, sondern auch der Wissenschaft und dem Handwerk. Vom detailreich gestalteten Spielzeug über Musikautomaten bis hin zu hochpräzisen Werkzeugen prägten sie eine Epoche, in der Mechanik und Innovation Hand in Hand gingen.

Der Zauber der mechanischen Spielzeuge

Die Faszination für mechanisches Spielzeug war im 19. Jahrhundert ungebrochen. Wohlhabende Familien in Europa und Amerika beschenkten ihre Kinder mit aufwendig gefertigten Automaten, die mit Federwerken angetrieben wurden und erstaunliche Bewegungsabläufe ausführen konnten. Puppen, die ihre Köpfe neigten oder mit Augen blinzelten, kleine Reiterfiguren, die scheinbar mühelos durch das Zimmer galoppierten – diese Spielzeuge wirkten für die damalige Zeit nahezu magisch.

Einer der bekanntesten Hersteller mechanischer Spielzeuge war die französische Firma Vichy & Cie, die sich auf bewegliche Figuren spezialisierte. Ihre Konstruktionen konnten nicht nur einfache Gesten ausführen, sondern auch musikalische Stücke abspielen oder mit kunstvollen Gesichtsausdrücken versehen werden. Diese Automaten stellten nicht nur Meisterwerke der Ingenieurskunst dar, sondern zeigten auch die außergewöhnliche Detailverliebtheit ihrer Schöpfer. Oft waren sie handbemalt und mit feinen Kleidern ausgestattet, um sie so lebensecht wie möglich wirken zu lassen.

Musikautomaten und die Geburt der mechanischen Unterhaltung

Während mechanische Spielzeuge Kinder erfreuten, boten Musikautomaten Erwachsenen eine völlig neue Form der Unterhaltung. Inspiriert von den Walzen- und Lochkartenmechanismen der Webstühle, entwickelten Tüftler wie Friedrich Kaufmann oder Charles Babbage beeindruckende Automaten, die komplexe Musikstücke ohne menschliches Zutun spielen konnten. Diese mechanischen Orchester fanden schnell ihren Platz in noblen Salons, Kaffeehäusern und Theatern, wo sie mit Präzision und Klangfülle beeindruckten.

Die Technik hinter diesen Musikautomaten wurde ständig verfeinert. Ein herausragendes Beispiel war der Orchestrion, ein Großgerät, das eine Vielzahl von Instrumenten – von Trommeln bis zu Flöten – in einem einzigen mechanischen System vereinte. Einige dieser Apparate konnten ganze Musikstücke speichern und wiedergeben, ein Konzept, das später in den ersten automatischen Klavieren weiterentwickelt wurde.

Mechanische Präzisionswerkzeuge - Der Fortschritt der Handwerkskunst

Neben der Unterhaltung spielte die Mechanisierung auch eine zentrale Rolle in der Industrialisierung des Handwerks. Präzisionswerkzeuge, die mit mechanischen Steuerungen ausgestattet waren, revolutionierten die Herstellung von Uhren, Messgeräten und feinen mechanischen Bauteilen. Maschinen, die Zahnradgetriebe und winzige Schrauben mit unerreichter Genauigkeit fertigen konnten, ermöglichten Fortschritte in vielen Wissenschaften und Gewerben.

Ein Beispiel für die mechanische Präzision dieser Zeit war die Entwicklung automatischer Drehbänke und Fräsmaschinen. Mit diesen Werkzeugen war es möglich, Bauteile in Serienfertigung herzustellen, ohne dabei auf handwerkliche Ungenauigkeiten angewiesen zu sein. Besonders in der Uhrenindustrie war dies ein entscheidender Schritt: Schweizer und deutsche Manufakturen nutzten diese hochentwickelten Maschinen, um Zeitmesser von bislang ungekannter Präzision zu produzieren.

Auch in der Medizin fanden solche Präzisionsautomaten Anwendung. Feine chirurgische Instrumente konnten nun maschinell hergestellt werden, was eine erheblich verbesserte Qualität und Zuverlässigkeit bedeutete. In der Optik wiederum ermöglichten mechanische Schleifmaschinen die Herstellung hochpräziser Linsen, was wiederum die Entwicklung von Mikroskopen und Teleskopen erheblich vorantrieb.

Wissenschaftliche Automaten und die Grenzen des Machbaren

Neben Spielzeug, Musikautomaten und Werkzeugen entwickelte sich im 19. Jahrhundert eine weitere faszinierende Kategorie mechanischer Konstruktionen: wissenschaftliche Automaten. Diese Maschinen dienten nicht nur der Unterhaltung oder der industriellen Produktion, sondern auch der Forschung. Ingenieure und Wissenschaftler nutzten hochentwickelte mechanische Systeme, um Berechnungen anzustellen, Daten zu verarbeiten und sogar erste Schritte in Richtung der Automatisierung von Denkprozessen zu unternehmen.

Ein berühmtes Beispiel hierfür war die ›Difference Engine‹ von Charles Babbage. Diese komplexe Rechenmaschine sollte mathematische Berechnungen automatisieren und gilt als einer der ersten Vorläufer des modernen Computers. Obwohl sie nie vollständig gebaut wurde, zeigte sie eindrucksvoll, dass mechanische Systeme weit mehr konnten als nur Bewegungen nachzuahmen – sie konnten Informationen verarbeiten und damit theoretisch Denkprozesse unterstützen.

Ein weiteres faszinierendes Projekt des 19. Jahrhunderts war der ›mechanische Schreiber‹. Diese Automaten, die teilweise von Uhrmachern entwickelt wurden, konnten mit erstaunlicher Präzision Buchstaben und Zahlen auf Papier bringen, indem sie durch eine vorher festgelegte Mechanik gesteuert wurden. Solche Konstruktionen fanden insbesondere in der Fälschungssicherung oder in der Dokumentation von wissenschaftlichen Erkenntnissen Anwendung.

Das Erbe des 19. Jahrhunderts für die moderne Robotik

Die Automaten des 19. Jahrhunderts legten den Grundstein für viele Entwicklungen, die später in die moderne Robotik einfließen sollten. Sie bewiesen, dass mechanische Systeme nicht nur Spielereien sein mussten, sondern auch ernsthafte Anwendungen in Industrie, Wissenschaft und Unterhaltung fanden. Viele der Grundprinzipien dieser Automaten – das Prinzip der wiederholbaren Bewegung, die Steuerung durch externe Programme (etwa Lochkarten) und die Nutzung von Zahnrädern und Antriebsmechanismen – sind auch heute noch essenzielle Bestandteile der Robotik.

Obwohl die Maschinen des 19. Jahrhunderts noch weit von den modernen Robotern entfernt waren, stellten sie dennoch einen wichtigen Schritt dar. Sie zeigten, dass mechanische Konstruktionen eigenständig agieren, Daten verarbeiten und präzise Bewegungen ausführen konnten. Diese Erkenntnisse führten schließlich zur Entwicklung der ersten elektronischen Steuerungssysteme und damit zur Ära der modernen Automatisierung.

Das 19. Jahrhundert war eine Epoche der mechanischen Wunderwerke. Von aufwendig gestalteten Spielzeugen über beeindruckende Musikautomaten bis hin zu hochpräzisen Werkzeugmaschinen demonstrierte diese Zeit die immense Bandbreite der Mechanik. Ingenieure, Uhrmacher und Wissenschaftler experimentierten mit neuen Konzepten, die weit über bloße Spielereien hinausgingen. Sie schufen Konstruktionen, die nicht nur die Fantasie anregten, sondern auch neue Möglichkeiten in Industrie und Wissenschaft eröffneten.

Diese Entwicklungen sind ein entscheidender Teil der Geschichte der Robotik. Ohne die Erfahrungen und Fortschritte des 19. Jahrhunderts wäre der nächste große Schritt – die Erfindung der ersten programmierbaren Maschinen und Roboter im 20. Jahrhundert – kaum denkbar gewesen. So bleibt dieses Jahrhundert ein faszinierender Meilenstein auf dem langen Weg zur Automatisierung und zum intelligenten Roboter.

Der erste ›echte‹ Roboter
Die Erfindung des Begriffs

Die Menschheit hat seit Jahrhunderten von Maschinen geträumt, die wie Menschen denken und handeln können. Von den mechanischen Automaten der Antike über die kunstvollen Uhrwerksfiguren des Mittelalters bis hin zu den Präzisionsmaschinen der industriellen Revolution – der Gedanke an künstliche Wesen, die den Menschen Arbeit abnehmen, ist tief in der Geschichte verwurzelt. Doch so faszinierend diese Entwicklungen auch waren, ein wesentlicher Bestandteil der heutigen Robotik fehlte ihnen: der Begriff selbst. Wann wurde aus einer bloßen Maschine ein ›Roboter‹? Wo liegt der Ursprung dieses Wortes, das heute aus unserem Alltag nicht mehr wegzudenken ist?

Die Antwort auf diese Frage führt uns in die 1920er Jahre, in eine Zeit des technologischen und gesellschaftlichen Umbruchs. Es war der tschechische Schriftsteller Karel Čapek, der mit seinem Theaterstück R.U.R. – Rossum's Universal Robots nicht nur einen der einflussreichsten Begriffe der Moderne prägte, sondern auch eine der frühesten literarischen Visionen über den Aufstieg der Maschinen schuf.

Karel Čapek und die Geburt des Wortes ›Roboter‹

Im Jahr 1920 veröffentlichte Karel Čapek sein Stück R.U.R. (**R**ossum's **U**niversal **R**obots), das in einem fiktiven Zukunftsszenario spielte, in dem menschenähnliche Maschinen, die ›Roboter‹, für die Menschen arbeiten und schließlich gegen ihre Schöpfer rebellieren. Der Begriff ›Roboter‹ leitet sich vom tschechischen Wort *robota* ab, das übersetzt so viel wie *Frondienst* oder *Zwangsarbeit* bedeutet. Ursprünglich war es jedoch nicht Karel Čapek selbst, sondern sein Bruder Josef, der ihm diesen Begriff vorschlug.

Der Grundgedanke hinter R.U.R. war nicht einfach nur eine technische Spekulation, sondern vielmehr eine Reflexion über die gesellschaftlichen und ethischen Implikationen einer Welt, in der Maschinen die Menschen ersetzen. Die Roboter in Čapeks Werk waren keine starren, mechanischen Wesen, wie wir sie heute aus Fabrikhallen oder Science-Fiction-Filmen kennen, sondern organisch konstruierte Geschöpfe, die äußerlich kaum von Menschen zu unterscheiden waren. Dennoch waren sie Wesen ohne Emotionen, geschaffen, um zu dienen – bis sie sich schließlich ihrer Unterdrückung bewusst wurden und gegen ihre Schöpfer aufbegehrten.

Das Stück wurde ein weltweiter Erfolg und prägte nicht nur die Literatur und das Theater, sondern auch das wissenschaftliche Denken über Maschinen. Der Begriff ›Roboter‹ verbreitete sich rasch und wurde bald zum Synonym für jede Art von künstlicher, menschenähnlicher Maschine.

Warum ›Roboter‹ und nicht ›Automat‹?

Vor der Schöpfung des Begriffs ›Roboter‹ existierten bereits zahlreiche Bezeichnungen für Maschinen, die Aufgaben autonom erledigen konnten. ›Automat‹, ›Android‹, ›Mechanismus‹ – all diese Begriffe wurden verwendet, um verschiedene Arten von künstlichen Wesen zu beschreiben. Doch ›Roboter‹ hatte eine besondere Kraft, die über die reine Mechanik hinausging.

Der Begriff verband nicht nur die Vorstellung von Automatisierung und Arbeitskraft, sondern brachte auch ein gesellschaftliches Konzept mit sich: die Idee eines künstlichen Wesens, das sowohl Werkzeug als auch Bedrohung sein konnte. Die Ängste vor Maschinen, die menschliche Arbeitskraft überflüssig machen könnten, existierten bereits seit der industriellen Revolution. Doch mit Čapeks Begriff bekam diese Angst eine konkrete Form – eine, die bis heute in zahllosen Diskussionen über Automatisierung, künstliche Intelligenz und die Zukunft der Arbeit nachhallt.

Der Einfluss des Begriffs auf Wissenschaft und Technik

Obwohl R.U.R. ein Theaterstück war, dauerte es nicht lange, bis sich der Begriff ›Roboter‹ auch in der realen Wissenschaft verbreitete. In den 1940er Jahren griff der amerikanische Wissenschaftler Isaac Asimov das Konzept auf und prägte den Begriff ›Robotik‹, um die wissenschaftliche und technische Disziplin zu beschreiben, die sich mit der Entwicklung intelligenter Maschinen befasst. Mit seinen berühmten ›Drei Gesetzen der Robotik‹* stellte Asimov ein philosophisches und ethisches

Regelwerk auf, das bis heute ein wichtiger Bestandteil der Debatte über künstliche Intelligenz und Maschinenethik ist.

> * = Die Asimov'schen Gesetze lauten:
>
> 1.Ein Roboter darf kein menschliches Wesen (wissentlich) verletzen oder durch Untätigkeit (wissentlich) zulassen, dass einem menschlichen Wesen Schaden zugefügt wird.
>
> 2. Ein Roboter muss den ihm von einem Menschen gegebenen Befehlen gehorchen – es sei denn, ein solcher Befehl würde mit Regel eins kollidieren.
>
> 3. Ein Roboter muss seine Existenz beschützen, solange dieser Schutz nicht mit Regel eins oder zwei kollidiert.

Auch in der realen Technik wurde der Begriff schnell übernommen. Ingenieure und Forscher begannen, Maschinen gezielt als ›Roboter‹ zu bezeichnen, um ihre Fähigkeit zur eigenständigen Bewegung und Entscheidungsfindung zu betonen. Der erste als ›Roboter‹ bezeichnete industrielle Automat wurde 1956 von George Devol und Joseph Engelberger entwickelt. Der ›Unimate‹ genannte Roboter wurde in der Automobilindustrie eingesetzt und markierte den Beginn des modernen Maschinenzeitalters.

Die kulturelle Bedeutung des Wortes

Neben der wissenschaftlichen und technischen Bedeutung hat das Wort ›Roboter‹ auch eine immense kulturelle Kraft entfaltet. Von Filmen wie ›Metropolis‹ (1927) bis hin zu modernen Science-Fiction-Werken wie ›Blade Runner‹ oder ›Ex Machina‹

– die Idee des Roboters ist tief in unserem kollektiven Bewusstsein verankert. Er ist gleichermaßen Symbol für Fortschritt und für Bedrohung, für menschliche Schöpfungskraft und für ihre möglichen Konsequenzen.

Die Faszination für Roboter rührt nicht nur von ihrer mechanischen Funktion her, sondern auch von den Fragen, die sie aufwerfen: Was bedeutet es, Mensch zu sein? Wann wird eine Maschine mehr als nur ein Werkzeug? Und welche Verantwortung tragen wir gegenüber den von uns geschaffenen Wesen?

Die Erfindung des Begriffs ›Roboter‹ war weit mehr als eine sprachliche Innovation. Sie schuf eine neue Denkweise über Maschinen, ihre Möglichkeiten und ihre Risiken. Was einst ein literarisches Konzept war, wurde zu einer zentralen Säule der modernen Technologie und Forschung.

Karel Čapeks R.U.R. legte den Grundstein für die heutige Robotik, indem es nicht nur die Idee eines künstlichen Arbeiters popularisierte, sondern auch die ethischen Fragen, die mit seiner Existenz einhergehen. Der Roboter ist heute mehr als nur eine Maschine – er ist eine Vision, ein Versprechen und eine Herausforderung zugleich. Und alles begann mit einem einfachen Wort, das die Welt für immer veränderte.

Westinghouse und Elektro
Die ersten humanoiden Maschinen

In der Geschichte der Robotik gibt es einige Meilensteine, die als Geburtsstunden unserer modernen Maschinenbegleiter betrachtet werden können. Eine dieser Sternstunden fand in den 1920er und 1930er Jahren statt, als ein Unternehmen mit dem klangvollen Namen Westinghouse Electric Corporation einen der ersten humanoiden Maschinen entwickelte: Elektro.

Elektro war nicht nur ein technisches Wunderwerk seiner Zeit, sondern auch ein Symbol für den Fortschrittsglauben und die Faszination der Menschen für die Möglichkeit, menschenähnliche Maschinen zu erschaffen. Seine Existenz zeigte, dass das Konzept des Roboters nicht mehr nur eine literarische Idee war, sondern langsam aber sicher in die Realität überging.

Die Geburt eines mechanischen Menschen

Die Westinghouse Electric Corporation war ein Unternehmen, das für seine bahnbrechenden Innovationen im Bereich der Elektrizität und Maschinenentwicklung bekannt war. In den 1920er Jahren begannen die Ingenieure von Westinghouse, Experimente mit mechanischen Automaten durchzuführen. Dabei war eines ihrer Ziele, eine Maschine zu entwickeln, die nicht nur funktionale Aufgaben übernehmen konnte, sondern auch mit Menschen interagieren sollte. Diese Vision führte letztendlich zur Schöpfung von Elektro.

Elektro wurde erstmals auf der 1939 New York World's Fair präsentiert und war ein wahrer Publikumsmagnet. Er war ein über zwei Meter großer humanoider Roboter mit einem Metallgehäuse, das ihm eine futuristische, beinahe außerirdische Erscheinung verlieh. Seine Erschaffer hatten ihm ein beeindruckendes Repertoire an Fähigkeiten verliehen: Er konnte gehen, seine Arme bewegen, auf gesprochene Befehle reagieren und sogar einfache Worte sprechen.

Die Technik hinter Elektro

Elektro war für seine Zeit eine bemerkenswerte technische Errungenschaft. Seine Steuerung basierte auf elektromechanischen Relais, die in der Lage waren, Befehle aus Sprachkommandos umzusetzen. Diese frühen Steuerungssysteme waren Vorläufer der heutigen programmierbaren Computer und stellten eine grundlegende Innovation im Bereich der Robotik dar.

Eine der faszinierendsten Fähigkeiten von Elektro war seine Fähigkeit zu sprechen. Er konnte bis zu 700 Wörter formulieren, indem er ein ausgeklügeltes System aus Schallplatten und Relais nutzte. Dies mag im Vergleich zu modernen Sprachassistenten primitiv erscheinen, doch für die Menschen der damaligen Zeit war es revolutionär. Elektro konnte auf einfache Fragen antworten, was ihm eine fast lebensechte Präsenz verlieh.

Neben seiner Sprachfähigkeit war Elektro auch in der Lage, sich zu bewegen. Seine Beine funktionierten nach einem elektromechanischen Prinzip, das ihm erlaubte, langsam, aber erkennbar zu schreiten. Zudem konnte er seinen Arm heben und senken, eine Zigarette rauchen und mit seinem Publikum *plaudern* – alles beeindruckende Merkmale, die ihn zu einer Sensation machten.

Die öffentliche Wahrnehmung und Bedeutung

Als Elektro auf der Weltausstellung von 1939 debütierte, war er eine Attraktion, die Menschen in Massen anlockte. Die Zuschauer waren fasziniert von der Idee eines Maschinenmenschen, der auf Befehle reagierte und scheinbar eigenständig agieren konnte. Elektro wurde zum Symbol der Zukunft – einer Zukunft, in der Maschinen als Helfer und Begleiter der Menschen fungieren sollten.

Interessanterweise wurde Elektro nicht primär als industrielles Werkzeug vermarktet, sondern als Unterhaltungssensation. Seine Erfinder wollten nicht nur demonstrieren, was technisch möglich war, sondern auch die Vorstellung der Menschen darüber erweitern, was Maschinen in der Zukunft leisten könnten. Elektro verkörperte somit die frühe Verbindung zwischen Technologie und öffentlichem Staunen – eine Dynamik, die sich später in vielen weiteren Robotik-Entwicklungen wiederfinden sollte.

Seine Popularität führte dazu, dass Westinghouse in den folgenden Jahren weitere humanoide Maschinen entwickelte, darunter ›Sparko‹, einen mechanischen Hund, der als Begleiter von Elektro präsentiert wurde. Diese mechanischen Kreaturen waren mehr als nur technische Spielereien; sie zeigten, dass der Mensch begonnen hatte, Maschinen mit Persönlichkeiten auszustatten und sie als potenzielle Partner im Alltag zu betrachten.

Der Einfluss auf die moderne Robotik

Elektro war eine Vision seiner Zeit, doch seine Konzepte finden sich in der heutigen Robotik wieder. Seine Sprachsteuerung legte den Grundstein für moderne Sprachassistenten, seine Bewegungen inspirierten die Entwicklung autonomer Roboter, und sein humanoides Erscheinungsbild prägte die Vorstellung von Maschinen, die mit Menschen interagieren.

Der Gedanke, dass Roboter nicht nur funktionale Werkzeuge, sondern auch soziale Akteure sein könnten, nahm mit Elektro und seinen Nachfolgern konkrete Formen an. Heute arbeiten Wissenschaftler an menschenähnlichen Robotern, die nicht nur sprechen, sondern auch Emotionen interpretieren und in sozialen Kontexten agieren können. Die Grundlagen dafür wurden bereits in den 1930er Jahren gelegt, als Westinghouse den ersten Schritt in diese Richtung wagte.

Die Faszination für humanoide Maschinen ist ungebrochen. Ob in der Forschung, in der Industrie oder in der Unterhaltungsbranche – die Idee des menschenähnlichen Roboters ist fester Bestandteil unseres technologischen Fortschritts. Elektro mag heute wie eine nostalgische Erinnerung an eine vergangene

Ära wirken, doch seine Bedeutung als einer der ersten echten humanoiden Maschinen bleibt unbestritten.

Elektro war mehr als nur eine technische Spielerei – er war ein Meilenstein in der Geschichte der Robotik. Er bewies, dass es möglich war, Maschinen zu erschaffen, die mit Menschen interagieren, sich bewegen und auf Befehle reagieren konnten. Sein Erbe lebt in den modernen humanoiden Robotern weiter, die heute immer intelligenter und vielseitiger werden.

Die Geschichte von Elektro zeigt, dass der Mensch stets davon geträumt hat, mechanische Gefährten zu erschaffen, die ihm im Alltag zur Seite stehen. Auch wenn Elektro selbst längst nicht mehr existiert, bleibt sein Einfluss auf die Robotik unvergessen. Er war einer der ersten seiner Art – und ein Symbol für den unaufhaltsamen Fortschritt der Mensch-Maschine-Interaktion.

Alan Turing und die Theorie künstlicher Intelligenz - Ein Genie und seine Visionen

In der Geschichte der modernen Technologie gibt es Namen, die über ihre eigene Zeit hinausstrahlen. Einer dieser Namen ist Alan Turing, ein britischer Mathematiker, Logiker und Kryptoanalytiker, dessen Theorien die Grundlage für die moderne Informatik und die künstliche Intelligenz legten. Turings Gedankenwelt reichte weit über das hinaus, was zu seiner Zeit als möglich galt. Während viele seiner Zeitgenossen noch versuchten, Maschinen für spezialisierte Aufgaben zu perfektionieren, stellte Turing die kühne Frage: Können Maschinen denken?

Sein bahnbrechendes Konzept, das heute als die Theorie der künstlichen Intelligenz bekannt ist, revolutionierte die Art und Weise, wie Wissenschaftler über Maschinen, Intelligenz und Bewusstsein nachdenken. Seine Arbeiten beeinflussen bis heute Forschungen in den Bereichen Computerwissenschaft, Robotik und kognitive Wissenschaften. Doch Turings Einfluss beschränkte sich nicht nur auf Theorien – er war maßgeblich daran beteiligt, Maschinen zu entwickeln, die den Weg für moderne Computer ebneten.

Die Turing-Maschine:

Ein Modell für künstliche Intelligenz

In den 1930er Jahren, als die Mathematik noch stark von traditionellen Denkweisen geprägt war, stellte Turing ein Modell vor, das den theoretischen Rahmen für moderne Computer schaffen sollte: die sogenannte Turing-Maschine. Diese hypothetische Maschine bestand aus einem endlosen Band und einem Schreib-Lese-Kopf, der Symbole auf dem Band verändern und lesen konnte. Obwohl es sich um eine abstrakte Konstruktion handelte, bewies Turing, dass eine solche Maschine jedes berechenbare Problem lösen könnte, wenn es in eine entsprechende Form gebracht wurde.

Die Turing-Maschine war mehr als nur eine mathematische Spielerei – sie war der erste theoretische Beweis dafür, dass Maschinen logische Schlussfolgerungen ziehen und komplexe Probleme lösen können. In gewisser Weise war sie die erste rudimentäre Form künstlicher Intelligenz, wenn auch noch auf theoretischer Ebene. Dieses Modell legte den Grundstein für die Entwicklung von Computern, die heute unzählige Aspekte des modernen Lebens bestimmen.

Die Kryptologie und der Zweite Weltkrieg

Während des Zweiten Weltkriegs setzte Turing seine Talente in den Dienst seines Landes und wurde Teil des britischen Geheimdienstes in Bletchley Park. Dort spielte er eine entscheidende Rolle bei der Entzifferung des Enigma-Codes, mit dem das deutsche Militär seine Kommunikation verschlüsselte. Mit Hilfe einer von ihm mitentwickelten elektromechanischen Maschine namens Bombe gelang es Turing und seinem Team, die deutschen Funksprüche zu entschlüsseln und damit den Krieg zugunsten der Alliierten zu beeinflussen.

Obwohl diese Arbeit zunächst nichts mit künstlicher Intelligenz zu tun hatte, war sie ein Meilenstein für den praktischen Einsatz von Maschinen zur Lösung komplexer Probleme. Turing erkannte, dass Maschinen nicht nur Berechnungen durchführen, sondern auch adaptive, logische Prozesse ausführen konnten – eine Einsicht, die für die spätere Entwicklung der künstlichen Intelligenz von zentraler Bedeutung war.

Der Turing-Test:

Wann ist eine Maschine intelligent?

Nach dem Krieg wandte sich Turing verstärkt der Frage zu, was es bedeutet, zu *denken*. In seinem berühmten Aufsatz ›Computing Machinery and Intelligence‹ (ISBN: 978-3150144640) aus dem Jahr 1950 stellte er eine radikale Hypothese auf: Wenn eine Maschine eine Unterhaltung führen kann, ohne dass ihr Gesprächspartner erkennt, dass er mit einer Maschine spricht, dann sollte sie als intelligent gelten.

Dieser Vorschlag wurde als Turing-Test bekannt und ist bis heute ein zentraler Bestandteil der KI-Forschung. Während moderne Chatbots und künstliche Intelligenzen immer ausgefeilter werden, bleibt die Debatte bestehen: Kann eine Maschine wirklich denken, oder ist sie lediglich eine geschickte Simulation von Intelligenz?

Turing erkannte, dass maschinelle Intelligenz nicht zwangsläufig die Intelligenz eines Menschen nachahmen muss. Vielmehr stellte er die Möglichkeit in den Raum, dass Maschinen eine völlig eigene Form von Intelligenz entwickeln könnten – eine Idee, die in der heutigen Forschung zur Künstlichen Intelligenz wieder an Bedeutung gewinnt.

Die ethischen Fragen und das Vermächtnis Turings

Turing war seiner Zeit weit voraus, nicht nur technisch, sondern auch philosophisch. Er stellte Fragen, die noch heute in der KI-Debatte relevant sind:

- Haben Maschinen Bewusstsein oder sind sie bloße Rechenapparate?

- Können Maschinen eigenständig lernen und kreative Entscheidungen treffen?

- Sollte es ethische Grenzen für den Einsatz intelligenter Maschinen geben?

Diese Überlegungen sind heute aktueller denn je. Künstliche Intelligenz steuert autonome Fahrzeuge, diagnostiziert Krankheiten und erschafft Kunstwerke. Doch die grundlegenden Fragen, die Turing stellte, sind noch immer ungelöst.

Sein eigenes Schicksal zeigt auch, wie tief gesellschaftliche Vorurteile die Wahrnehmung von Genialität beeinflussen können. Trotz seiner immensen Beiträge zur Wissenschaft und Technologie wurde Turing in den 1950er Jahren aufgrund seiner Homosexualität strafrechtlich verfolgt. Die britische Regierung bot ihm eine Hormontherapie anstelle einer Gefängnisstrafe an – eine Behandlung, die ihn sowohl körperlich als auch seelisch belastete. Zwei Jahre später, 1954, wurde er tot in seinem Haus aufgefunden, offiziell durch Selbstmord. Erst Jahrzehnte später wurde sein Beitrag zur Wissenschaft angemessen gewürdigt; 2013 erhielt er eine posthume königliche Begnadigung.

Turings Einfluss auf die moderne KI

Alan Turing war nicht nur ein brillanter Mathematiker, sondern auch ein Visionär, dessen Theorien und Konzepte die moderne KI-Forschung entscheidend beeinflusst haben. Seine Turing-Maschine legte den Grundstein für die Entwicklung des Computers, seine Kryptographie half, den Zweiten Weltkrieg zu verkürzen, und sein Turing-Test bleibt ein Meilenstein in der Debatte über maschinelle Intelligenz.

Heute, da Maschinen immer intelligenter werden und die Grenzen zwischen Mensch und Maschine zunehmend verschwimmen, zeigt sich, wie bahnbrechend Turings Gedanken waren. Seine Frage »Können Maschinen denken?« bleibt auch nach mehr als siebzig Jahren eine der faszinierendsten Herausforderungen der Wissenschaft. Ohne Alan Turing wäre die Welt der künstlichen Intelligenz, wie wir sie heute kennen, kaum denkbar.

Cybernetik und die ersten programmierbaren Maschinen
Die Geburt der Steuerung: Maschinen, die lernen und reagieren

Die Geschichte der Robotik ist nicht nur eine Erzählung über mechanische Wunderwerke, sondern auch über die Evolution des Denkens. Während frühe Automaten vordefinierte Bewegungen ausführen konnten, lag die wahre Herausforderung in der Entwicklung von Maschinen, die nicht nur programmiert, sondern auch steuerbar und adaptiv waren. Die Geburtsstunde der Cybernetik und die ersten programmierbaren Maschinen markierten einen entscheidenden Wendepunkt in dieser Geschichte.

Die Mitte des 20. Jahrhunderts war eine Ära voller wissenschaftlicher Umbrüche. Während des Zweiten Weltkriegs wuchs die Notwendigkeit, präzise und automatisierte Steuerungssysteme zu entwickeln. Flugabwehrsysteme, Kommunikationsnetze und Verschlüsselungstechniken erforderten Maschinen, die nicht nur programmiert, sondern auch lernfähig waren. Aus dieser Notwendigkeit heraus entstand die Cybernetik – die Wissenschaft der Steuerung und Kommunikation in Maschinen und lebenden Organismen. Dieser neue Denkansatz legte den

Grundstein für die Entwicklung der ersten wirklich programmierbaren Maschinen, die wiederum die moderne Robotik formten.

Norbert Wiener und die Idee der Rückkopplung

Einer der führenden Köpfe dieser Bewegung war der amerikanische Mathematiker Norbert Wiener, der als Begründer der Cybernetik gilt. Wieners Interesse galt der Frage, wie Maschinen so gesteuert werden können, dass sie auf veränderte Umstände reagieren und sich anpassen. Dies führte zur Entdeckung des Konzepts der Rückkopplung (Feedback-Control), das sich als fundamental für die Entwicklung intelligenter Maschinen erwies.

Das Prinzip der Rückkopplung besagt, dass eine Maschine nicht nur einen Befehl ausführt, sondern ihre Umgebung *beobachtet*, das Ergebnis ihrer Handlung misst und sich selbstständig korrigieren kann. Ein einfaches Beispiel dafür ist ein Thermostat: Er misst die Raumtemperatur und reguliert die Heizung so, dass eine konstante Temperatur gehalten wird. Dieses Konzept wurde schnell auf andere Bereiche ausgeweitet, insbesondere auf frühe Computer und Maschinen, die in industriellen Prozessen eingesetzt wurden.

Wieners Arbeit war revolutionär, denn sie zeigte, dass Maschinen mehr sein konnten als bloße mechanische Befehlsempfänger – sie konnten lernen, sich anpassen und optimieren. Diese Denkweise war der erste Schritt hin zu selbstregulierenden Maschinen, die später die Grundlage für Robotik und Künstliche Intelligenz bilden sollten.

Die ersten programmierbaren Maschinen

Parallel zu den cybernetischen Konzepten entwickelten sich auch die ersten Maschinen, die nicht nur starr programmiert waren, sondern flexibel neue Aufgaben übernehmen konnten. Eine der einflussreichsten dieser Maschinen war der ›Colossus‹, ein britischer Computer, der während des Zweiten Weltkriegs für die Entzifferung des deutschen Enigma-Codes genutzt wurde. Obwohl ›Colossus‹ nicht im modernen Sinne *programmiert* werden konnte, war er ein Beweis dafür, dass Maschinen hochkomplexe Berechnungen durchführen und sich an neue Anforderungen anpassen konnten.

Doch die erste Maschine, die tatsächlich als programmierbar galt, war der ENIAC (**E**lectronic **N**umerical **I**ntegrator and **C**omputer), der in den USA entwickelt wurde. ENIAC konnte durch das Umstecken von Kabeln und das Verändern elektrischer Schaltkreise für verschiedene Berechnungen konfiguriert werden. Zwar war dieser Vorgang noch mühsam, doch er markierte den ersten großen Schritt in Richtung flexibler Computer.

Ein weiterer entscheidender Durchbruch kam mit dem britischen Mathematiker Alan Turing, dessen Konzept der ›Turing-Maschine‹ den theoretischen Grundstein für alle modernen Computer legte. Seine Idee war es, eine Maschine zu bauen, die nicht nur eine einzige Aufgabe erfüllt, sondern durch gespeicherte Programme immer wieder neue Aufgaben übernehmen kann. Damit war das Zeitalter der programmierbaren Maschinen eingeläutet.

Von Lochkarten zu ersten Algorithmen

Die ersten programmierbaren Maschinen nutzten Lochkarten als Speichermedien. Dieses Prinzip war nicht neu – bereits Joseph Marie Jacquard hatte im 19. Jahrhundert Webstühle entwickelt, die mit Lochkarten gesteuert wurden. Doch nun wurden sie auf Computer angewandt, um Programme und Daten zu speichern. Diese Methode erlaubte es Maschinen, komplexe Berechnungen durchzuführen, ohne dass ihre Hardware verändert werden musste.

Ein besonders einflussreicher Pionier dieser Zeit war John von Neumann, der das Konzept der von-Neumann-Architektur entwickelte – ein Modell, das bis heute die Grundlage für fast alle modernen Computer bildet. Der zentrale Gedanke war, dass Programme und Daten im selben Speicher abgelegt werden, wodurch Maschinen flexibel auf neue Aufgaben programmiert werden konnten.

Mit dieser neuen Architektur waren Computer nicht mehr bloß riesige Rechenmaschinen, sondern wandelbare Systeme, die für verschiedenste Zwecke genutzt werden konnten – von mathematischen Berechnungen bis hin zur Steuerung mechanischer Prozesse. Dies war der Moment, in dem die ersten Maschinen zu etwas wurden, das mit frühem maschinellen Lernen vergleichbar ist.

Cybernetik und Robotik – die Verbindung

Während die Informatik Fortschritte bei der Entwicklung programmierbarer Maschinen machte, stellte sich die Frage, wie diese Maschinen in der physischen Welt agieren könnten. Hier schloss sich der Kreis zur Cybernetik. Maschinen, die programmiert werden konnten, sollten nun auch mit ihrer Umgebung interagieren. Diese Verbindung zwischen Informationstechnologie und Mechanik war der Beginn der modernen Robotik.

Einer der ersten Versuche, eine Maschine zu erschaffen, die sich selbst steuern konnte, war der von Wiener entwickelte ›Kybernetische Fuchs‹, ein autonomes Gerät, das auf Lichtquellen reagierte und sich selbstständig bewegte. Diese frühen Experimente waren wegweisend für spätere Entwicklungen, bei denen Computer zur Steuerung von Maschinen eingesetzt wurden.

Das Erbe der Cybernetik

Heute ist Cybernetik ein weit verzweigtes Feld, das nicht nur Robotik, sondern auch Biologie, Neurowissenschaften und Künstliche Intelligenz umfasst. Die Idee, dass Maschinen sich anpassen, lernen und eigenständige Entscheidungen treffen können, hat sich von den frühen Theorien Wieners bis hin zu modernen autonomen Systemen weiterentwickelt.

Die programmierbaren Maschinen von damals sind die Vorläufer der modernen Künstlichen Intelligenz und Robotik. Ohne die Fortschritte der Cybernetik wären autonome Fahrzeuge, Industrieroboter oder intelligente Assistenten wie Siri oder Alexa nicht denkbar. Die zentrale Idee der Rückkopplung, die Kontrolle durch Programmierung und die Möglichkeit, Maschinen mit Sensoren auszustatten, bildet bis heute die Grundlage für alle komplexen technischen Systeme.

Die Cybernetik und die ersten programmierbaren Maschinen revolutionierten nicht nur die Informatik, sondern auch die Robotik. Sie schufen die Möglichkeit, Maschinen zu entwickeln, die nicht nur starr programmiert sind, sondern sich an ihre Umgebung anpassen und neue Aufgaben übernehmen können. Diese Entwicklung war ein essenzieller Schritt in der Erfindung des Roboters und legte den Grundstein für die technologischen Wunderwerke, die unsere heutige Welt bestimmen. Was einst reine Theorie war, ist heute Realität – und es begann mit den visionären Ideen von Pionieren wie Norbert Wiener, Alan Turing und John von Neumann.

Industrieroboter
Die stille Revolution der Fabriken

Die Geschichte der Industrialisierung ist eine Geschichte des Wandels – vom Handwerk zur Massenproduktion, von der Muskelkraft zur Maschinenkraft, von manuellen Arbeitsprozessen hin zur Automatisierung. In dieser Entwicklung gab es zahlreiche Meilensteine, doch kaum eine Innovation hat die industrielle Produktion so radikal verändert wie die Einführung der Industrieroboter. Diese stillen, unermüdlichen Arbeiter haben die Art und Weise, wie Fabriken funktionieren, revolutioniert – effizient, präzise und mit unaufhaltsamer Beständigkeit.

Die Geburt der Maschinenarbeiter

Während der ersten industriellen Revolution sorgten Dampfmaschinen für einen gigantischen Produktivitätsschub. Später übernahmen Elektromotoren diese Aufgabe, und Fließbänder verwandelten Fabriken in wahre Produktionszentren. Doch erst mit dem Aufkommen der Computertechnologie wurde es möglich, Maschinen nicht nur als Werkzeuge, sondern als eigenständig agierende Akteure in die Produktion zu integrieren. Dies war die Geburtsstunde des Industrieroboters.

Der erste programmierbare Industrieroboter wurde in den 1950er Jahren von George Devol entwickelt und als ›Unimate‹ bekannt. In den 1960er Jahren fand er seinen Weg in die Fertigungslinien von General Motors, wo er Aufgaben übernahm, die zuvor Menschen verrichteten – Schweißen, Montieren und Materialtransport. Die Vorteile lagen auf der Hand: Roboter waren schneller, präziser und unermüdlich.

Effizienz durch Präzision

Ein entscheidender Vorteil von Industrierobotern ist ihre unübertroffene Genauigkeit. Während menschliche Arbeiter müde werden, abgelenkt sind oder Fehler machen, arbeiten Roboter mit gleichbleibender Präzision. Besonders in der Automobilproduktion, wo jede Schraube exakt sitzen muss, sorgte diese neue Technologie für enorme Fortschritte.

Roboter können Werkstücke mit einer Genauigkeit im Mikrometerbereich positionieren und montieren. Sie sind in der Lage, Schweißnähte fehlerfrei zu ziehen und Lackierungen durchzuführen, die vollkommen gleichmäßig sind. Diese Präzision führte dazu, dass Produkte langlebiger, sicherer und von konstanter Qualität wurden.

Die Unsichtbare Hand der Automatisierung

Industrieroboter sind keine Erfindung, die über Nacht die Fertigungswelt eroberte. Vielmehr war ihre Einführung eine schrittweise Transformation, die sich in den letzten Jahrzehnten immer weiter verstärkt hat. Die ersten Roboter arbeiteten noch isoliert in speziell gesicherten Bereichen, doch mit der Weiterentwicklung der Technologie konnten sie immer enger mit menschlichen Arbeitern interagieren.

Heute sind Roboter aus modernen Fertigungsstraßen nicht mehr wegzudenken. Sie schrauben, montieren, verpacken und kontrollieren die Qualität – oft völlig unsichtbar für den Endverbraucher. In hochautomatisierten Fabriken sind sie die treibende Kraft hinter der Produktion, während Menschen vor allem für die Überwachung und Wartung der Systeme zuständig sind.

Vom Fließband zur intelligenten Fertigung

Während frühe Industrieroboter noch streng vorgegebene Abläufe ausführten, hat sich die Technologie inzwischen rasant weiterentwickelt. Dank Künstlicher Intelligenz und maschinellem Lernen können moderne Roboter flexibel auf Veränderungen in der Produktion reagieren. Sie sind in der Lage, Werkstücke zu erkennen, sich an verschiedene Materialien anzupassen und sogar Fehler in Echtzeit zu korrigieren.

Ein besonders eindrucksvolles Beispiel ist die Automobilindustrie. Hier analysieren Roboter durch Kameras und Sensoren jedes einzelne Bauteil und passen ihre Bewegungen entsprechend an. Ein Mangel an einem Bauteil wird sofort erkannt, und der Roboter informiert das System darüber – ohne menschliches Eingreifen.

Die Schattenseiten der Automatisierung

Trotz all ihrer Vorteile hat die zunehmende Verbreitung von Industrierobotern auch kritische Stimmen laut werden lassen. Ein zentraler Punkt ist der Verlust von Arbeitsplätzen, insbesondere in der klassischen Fertigung. Während hochqualifizierte Ingenieure und Techniker weiterhin gefragt sind, fallen viele repetitive Tätigkeiten weg, die früher von menschlichen Arbeitern erledigt wurden.

Doch die Realität ist komplexer: Während einige Arbeitsplätze verschwinden, entstehen gleichzeitig neue. Die Wartung, Programmierung und Steuerung von Robotern erfordert Fachkräfte mit technischem Know-how. Gleichzeitig werden monotone, körperlich anstrengende oder gefährliche Arbeiten von Robotern übernommen, was die Arbeitsbedingungen für viele Menschen verbessert.

Die Zukunft der Industrieroboter

Die Entwicklung von Industrierobotern ist längst nicht abgeschlossen. Fortschritte in der Künstlichen Intelligenz, der Sensorik und der Vernetzung werden dazu führen, dass Roboter noch autonomer, effizienter und vielseitiger einsetzbar werden.

Ein großes Thema der Zukunft ist die Zusammenarbeit zwischen Mensch und Maschine. Während klassische Industrieroboter in abgeschirmten Bereichen arbeiteten, kommen heute sogenannte Cobots (kollaborative Roboter) zum Einsatz. Diese sind speziell darauf ausgelegt, direkt mit menschlichen Arbeitern zu interagieren – ohne Schutzkäfige oder Sicherheitsbarrieren. Sie lernen durch Beobachtung, passen ihre Bewegungen an und arbeiten Seite an Seite mit Menschen.

Ein weiteres spannendes Feld ist die Nutzung von Industrierobotern in Bereichen, die über die klassische Fertigung hinausgehen. In der Landwirtschaft übernehmen sie das Ernten von Früchten, in der Medizin assistieren sie bei Operationen, und in der Logistik automatisieren sie die Warenverteilung. Die Möglichkeiten scheinen grenzenlos.

Eine Revolution ohne Lärm

Industrieroboter haben die Fertigungswelt leise, aber nachhaltig verändert. Während ihre Präsenz für viele unsichtbar bleibt, sind sie doch der Motor der modernen Produktion. Sie stehen für Effizienz, Präzision und unermüdlichen Fortschritt – und ihr Einfluss wächst stetig.

Die stille Revolution der Fabriken ist in vollem Gange. Während frühere industrielle Revolutionen von lauten Maschinen und dampfenden Schornsteinen geprägt waren, ist die moderne Automatisierung weit subtiler. Sie geschieht in sterilen High-Tech-Werkshallen, hinter den Kulissen der Produktion, oft unbemerkt, aber mit enormer Wirkung. Industrieroboter sind die treibende Kraft dieser Entwicklung – und sie haben gerade erst begonnen, ihr volles Potenzial zu entfalten.

Die Raumfahrt - Roboter im All

Die Faszination für das Universum ist so alt wie die Menschheit selbst. Seit jeher blicken wir zum Sternenhimmel, stellen uns Fragen über ferne Welten und streben danach, das Unbekannte zu erkunden. Doch der Weltraum ist eine lebensfeindliche Umgebung. Extreme Temperaturen, tödliche Strahlung, gewaltige Distanzen und die Schwerelosigkeit machen es für den Menschen äußerst schwierig, längere Zeit im All zu überleben. Genau hier kommen Roboter ins Spiel.

Als unermüdliche Helfer der Wissenschaft haben sie in den vergangenen Jahrzehnten eine Schlüsselrolle in der Erforschung des Kosmos übernommen. Sie sind unsere Augen, Hände und Werkzeuge in Regionen, die für den Menschen unerreichbar sind – und sie haben bereits Erstaunliches geleistet.

Pioniere im All – die ersten robotischen Missionen

Schon bevor der erste Mensch den Weltraum betrat, waren es Maschinen, die den Weg bereiteten. Bereits in den frühen 1950er-Jahren begannen die USA und die Sowjetunion, automatisierte Sonden ins All zu schicken, um die Bedingungen außerhalb der Erde zu erforschen.

Einer der ersten großen Meilensteine war die sowjetische Raumsonde Luna 2, die 1959 als erstes von Menschen gebautes

Objekt den Mond erreichte. Wenige Jahre später, 1966, landete Luna 9 und übermittelte die ersten Bilder von der Mondoberfläche. Diese unbemannten Vorläufer halfen Wissenschaftlern, die Gegebenheiten unseres Nachbartrabanten zu verstehen – ein entscheidender Schritt für spätere bemannte Missionen.

In den folgenden Jahrzehnten wurden immer ausgefeiltere robotische Raumsonden in die Tiefen des Alls geschickt. Besonders bahnbrechend waren die Voyager-Sonden, die 1977 von der NASA gestartet wurden. Mit ihren Kameras und Instrumenten lieferten sie spektakuläre Aufnahmen und Daten von den äußeren Planeten unseres Sonnensystems – und sie senden bis heute Signale aus, während sie das Sonnensystem verlassen. Diese Missionen zeigten, dass Roboter nicht nur kurzfristig nützliche Werkzeuge sind, sondern auf Jahrzehnte hinaus wertvolle Informationen liefern können.

Roboter auf fremden Himmelskörpern

Die wohl bekanntesten robotischen Entdecker sind die Rover, die die Oberfläche fremder Himmelskörper erkunden. Allen voran stehen die Erfolge der NASA auf dem Mars. Der erste Rover, der dort landete, war Sojourner, Teil der Mars Pathfinder-Mission im Jahr 1997. Dieser kleine Roboter legte nur wenige Meter zurück, doch er bewies, dass sich Maschinen autonom auf der Marsoberfläche bewegen konnten. Dies war der Auftakt für eine ganze Generation von hochentwickelten Marsrovern.

Die nachfolgenden Missionen mit den Rovern Spirit und Opportunity (2004) sowie Curiosity (2012) revolutionierten unser Wissen über den roten Planeten. Diese Maschinen bewegten sich über Jahre hinweg durch unwirtliches Terrain, analysierten Gesteinsproben und sendeten detaillierte Bilder zur Erde. Besonders Opportunity stellte Rekorde auf – die Mission war ursprünglich auf 90 Tage ausgelegt, doch der Rover überlebte unglaubliche 15 Jahre.

Der neueste Marsrover Perseverance, der 2021 landete, hat sogar einen kleinen Begleiter: den Helikopter Ingenuity, der als erster motorisierter Flugkörper in der dünnen Marsatmosphäre abhob. Damit hat die Robotik eine neue Dimension erreicht – nicht nur rollende, sondern auch fliegende Maschinen unterstützen die planetare Erkundung.

Der Einsatz von Robotern auf Raumstationen

Während Sonden und Rover das Universum erkunden, sind auch auf Raumstationen Roboter unverzichtbar geworden. Die Internationale Raumstation (ISS) ist ein Paradebeispiel dafür, wie robotische Systeme die Arbeit von Astronauten erleichtern.

Eines der bekanntesten Systeme ist der Canadarm2, ein robotischer Arm, der seit 2001 auf der ISS im Einsatz ist. Er wird genutzt, um Frachtmodule anzudocken, Wartungsarbeiten durchzuführen und sogar Astronauten bei Außenbordeinsätzen zu unterstützen. Dieses vielseitige Werkzeug ist ein Meilenstein in der Zusammenarbeit zwischen Mensch und Maschine im All.

Ein weiteres spannendes Projekt ist Robonaut, ein humanoider Roboter, der von der NASA entwickelt wurde, um Astronauten bei Routineaufgaben zu entlasten. Zwar war Robonaut 2 bisher nur ein Testlauf, doch er zeigt, dass in Zukunft immer mehr menschenähnliche Maschinen in der Raumfahrt eingesetzt werden könnten.

Die Zukunft der Roboter im Weltraum

Die Entwicklung der robotischen Raumfahrt ist noch lange nicht abgeschlossen. Künftige Missionen planen, Roboter für noch ambitioniertere Aufgaben einzusetzen. Ein besonders ehrgeiziges Ziel ist die Rückführung von Proben von anderen Himmelskörpern – eine Herausforderung, die sowohl ausgeklügelte Maschinen als auch präzise Steuerung erfordert.

Auch die Erforschung von Monden wie Europas Eiskruste oder der Methanseen auf Titan steht auf der Agenda. Hier könnten schwimmende oder tauchende Roboter zum Einsatz kommen, um herauszufinden, ob sich unter den eisigen Oberflächen lebensfreundliche Bedingungen befinden.

Zudem gibt es Überlegungen, humanoide oder halbautonome Roboter für den Bau von Strukturen auf Mond oder Mars einzusetzen. Langfristig könnten diese Maschinen sogar als Vorhut für menschliche Kolonien dienen – indem sie Gebäude errichten, Ressourcen abbauen oder Gewächshäuser betreiben.

Roboter haben die Raumfahrt revolutioniert und ermöglichen uns Einblicke in die Weiten des Universums, die für Menschen unerreichbar wären. Sie trotzen extremen Bedingungen, sammeln wertvolle Daten und erleichtern Astronauten die Arbeit auf Raumstationen. Ohne sie wären viele der bahnbrechenden Entdeckungen der letzten Jahrzehnte nicht möglich gewesen.

Mit jeder neuen Mission wird klarer: Die Zukunft der Weltraumerkundung gehört nicht nur dem Menschen, sondern auch den Maschinen. Gemeinsam werden sie weiter in die Tiefen des Alls vordringen – immer auf der Suche nach neuen Erkenntnissen über das Universum und unseren Platz darin.

Vom Science-Fiction-Traum zur Realität
Humanoide Roboter entstehen

Seit Jahrhunderten träumt die Menschheit von Maschinen, die ihr nicht nur dienen, sondern ihr auch ähneln. Der Gedanke an einen künstlichen Menschen, der sich bewegt, spricht und denkt, ist tief in der Kultur verwurzelt – von den Automaten der Antike bis hin zu den komplexen humanoiden Robotern der heutigen Zeit. Was einst als pure Science-Fiction galt, beginnt nun Realität zu werden. Die Entwicklung humanoider Roboter hat in den letzten Jahrzehnten enorme Fortschritte gemacht und stellt eine der faszinierendsten Errungenschaften der modernen Technologie dar.

Die ersten Visionen eines künstlichen Menschen

Die Idee eines menschenähnlichen Roboters reicht weit zurück. Bereits in den Mythen der Antike finden sich Erzählungen über künstlich geschaffene Wesen, die ihren Schöpfern dienen. In der griechischen Mythologie erschuf der Gott Hephaistos den bronzenen Riesen Talos, der die Insel Kreta bewachte. Auch in der jüdischen Legende des Golems oder in Mary Shelleys Frankenstein spiegelt sich der Wunsch wider, Leben künstlich zu erschaffen.

Doch erst mit dem Aufkommen der Science-Fiction im 20. Jahrhundert nahm die Vorstellung eines humanoiden Roboters konkretere Formen an. Werke wie Karel Čapeks R.U.R. (Rossum's Universal Robots), Isaac Asimovs Robotergeschichten und zahlreiche Filme wie Metropolis oder Blade Runner stellten sich eine Zukunft vor, in der künstliche Menschen Teil der Gesellschaft sind. Diese Visionen inspirierten Generationen von Wissenschaftlern und Ingenieuren, die sich daran machten, diese Maschinen Wirklichkeit werden zu lassen.

Die ersten humanoiden Roboter

Pioniere der Technik

Die ersten echten Versuche, humanoide Maschinen zu bauen, begannen Mitte des 20. Jahrhunderts. In den 1960er Jahren entwickelten Forscher erste Maschinen, die rudimentäre Bewegungen nachahmen konnten. Einer der ersten Roboter mit menschenähnlichen Merkmalen war WABOT-1, der 1973 in Japan gebaut wurde. Dieser Roboter konnte einfache Konversationen führen und Objekte mit seinen Händen greifen – eine erstaunliche Leistung für diese Zeit.

Mit zunehmendem technologischen Fortschritt wurden humanoide Roboter immer ausgefeilter. Japan nahm hier eine Vorreiterrolle ein, insbesondere durch Unternehmen wie Honda, das in den 2000er Jahren den berühmten Roboter ASIMO präsentierte. ASIMO konnte laufen, Treppen steigen, Objekte greifen und sogar mit Menschen interagieren. Doch so beeindruckend diese Entwicklungen auch waren, es blieb eine große

Herausforderung: Wie kann man eine Maschine erschaffen, die sich nicht nur bewegt wie ein Mensch, sondern auch denkt und fühlt?

Die technologische Revolution

Fortschritte in der Robotik

Die größten Durchbrüche in der humanoiden Robotik wurden durch die Fortschritte in der künstlichen Intelligenz und Sensorik ermöglicht. Während frühere humanoide Roboter hauptsächlich vordefinierte Bewegungen ausführten, begannen moderne Roboter, ihre Umgebung aktiv wahrzunehmen und darauf zu reagieren. Dies geschieht durch hochentwickelte Kameras, LIDAR-Sensoren und neuronale Netzwerke, die es Maschinen ermöglichen, Menschen zu erkennen, Sprache zu verstehen und sich in komplexen Umgebungen zu bewegen.

Ein beeindruckendes Beispiel für diese Entwicklung ist Atlas, ein humanoider Roboter, der von Boston Dynamics entwickelt wurde. Atlas kann laufen, springen, Rückwärtssaltos ausführen und seine Umgebung mit erstaunlicher Präzision wahrnehmen. Seine Bewegungen sind nicht mehr starr und mechanisch, sondern wirken fast organisch – ein riesiger Fortschritt gegenüber den ersten humanoiden Robotern.

Humanoide Roboter im Alltag

Vom Labor in die Welt

Lange Zeit waren humanoide Roboter hauptsächlich Forschungsprojekte, doch mittlerweile finden sie zunehmend ihren Weg in den Alltag. Unternehmen entwickeln Roboter, die als persönliche Assistenten, Pflegekräfte oder Servicemitarbeiter eingesetzt werden. Ein bekanntes Beispiel ist Pepper, ein humanoider Roboter, der in Geschäften, Hotels und Pflegeeinrichtungen arbeitet. Er kann Gesichter erkennen, Gespräche führen und sogar emotionale Reaktionen zeigen.

In der Medizin könnten humanoide Roboter bald eine entscheidende Rolle spielen. Maschinen wie *Robear* helfen bereits heute dabei, Patienten in Pflegeheimen zu heben und zu bewegen. In der Rehabilitation unterstützen humanoide Roboter Patienten dabei, nach einer Verletzung wieder Bewegungen zu erlernen. Auch in der Industrie werden sie zunehmend eingesetzt, um Arbeiten zu übernehmen, die für den Menschen zu gefährlich oder ermüdend sind.

Die Herausforderung der Menschlichkeit

Maschinen mit Seele?

Trotz aller technologischen Fortschritte bleibt eine Frage bestehen: Können Roboter jemals wirklich menschlich sein? Während Maschinen heute erstaunlich menschenähnliche Bewegungen und Mimik nachahmen können, fehlt ihnen etwas

Entscheidendes – Bewusstsein und Emotionen. Auch wenn Künstliche Intelligenz immer ausgefeilter wird, gibt es bisher keine Maschine, die wirklich versteht, was sie tut, oder Gefühle in menschlichem Sinne besitzt.

Dennoch gibt es Ansätze, humanoide Roboter emotionaler erscheinen zu lassen. Einige Forscher arbeiten an Robotern, die in der Lage sind, Gesichtsausdrücke und Körpersprache zu interpretieren und darauf zu reagieren. Andere experimentieren mit Sprachmodellen, die menschenähnliche Konversationen ermöglichen. Doch bleibt die Frage offen, ob dies lediglich gut simulierte Menschlichkeit ist oder ob wir uns einem Punkt nähern, an dem Maschinen tatsächlich Bewusstsein erlangen.

Die Zukunft humanoider Roboter

Was erwartet uns?

Die Entwicklung humanoider Roboter steckt trotz aller Fortschritte noch in den Kinderschuhen. In den kommenden Jahren könnten wir jedoch große Veränderungen erleben. Forscher arbeiten an Maschinen mit besserer Beweglichkeit, realistischerer Mimik und immer raffinierteren kognitiven Fähigkeiten. Unternehmen investieren Milliarden in die Weiterentwicklung humanoider Assistenten, die eines Tages als Helfer in Haushalten, der Pflege oder sogar als Lehrkräfte eingesetzt werden könnten.

Eine der spannendsten Fragen ist, ob humanoide Roboter irgendwann eine eigene Existenz beanspruchen werden. Werden sie als bloße Werkzeuge gesehen oder als eigenständige Wesen mit Rechten und Pflichten? Diese ethische Debatte wird in den kommenden Jahrzehnten eine zentrale Rolle spielen, da Maschinen immer menschenähnlicher werden.

Von der Vision zur Wirklichkeit

Was einst ein reines Science-Fiction-Motiv war, ist heute greifbare Realität. Humanoide Roboter existieren, bewegen sich unter uns und übernehmen immer mehr Aufgaben. Sie sind längst keine bloßen Fantasiewesen mehr, sondern hochentwickelte Maschinen, die in vielen Bereichen des Lebens eine Rolle spielen. Doch der Traum vom vollkommen menschenähnlichen Roboter ist noch nicht erfüllt – es bleibt eine Herausforderung, Maschinen mit echter Intelligenz, Emotion und Bewusstsein auszustatten.

Eines jedoch ist sicher: Die Reise in eine Zukunft, in der Menschen und Maschinen Seite an Seite leben und arbeiten, hat längst begonnen. Und vielleicht wird der Moment kommen, in dem wir nicht mehr zwischen Mensch und Maschine unterscheiden können – eine Zukunft, die so aufregend wie ungewiss ist.

Künstliche Intelligenz
Wenn Maschinen ›denken‹ lernen

Die Vorstellung von Maschinen, die eigenständig denken und Entscheidungen treffen, gehört zu den faszinierendsten und zugleich umstrittensten Errungenschaften der modernen Wissenschaft. Künstliche Intelligenz (KI) ist längst nicht mehr nur eine Vision aus Science-Fiction-Filmen – sie ist Realität. Doch was bedeutet es eigentlich, wenn Maschinen ›denken‹ lernen?

Ist es reines Nachahmen menschlicher Intelligenz, oder entwickelt sich hier eine völlig neue Form von Bewusstsein? Die Reise der KI, von den ersten theoretischen Überlegungen bis hin zu hochkomplexen Systemen, die heute in nahezu allen Bereichen des Lebens eingesetzt werden, zeigt eindrucksvoll, wie sehr die Grenze zwischen Mensch und Maschine verschwimmt.

Die Anfänge

Maschinen auf dem Weg zur Intelligenz

Die Idee einer künstlichen Intelligenz reicht weit zurück. Schon Alan Turing stellte in den 1950er Jahren die Frage, ob Maschinen denken können. Sein berühmter Turing-Test sollte klären, ob eine Maschine so überzeugend kommunizieren kann, dass ein Mensch sie nicht von einem anderen Menschen unterscheiden kann. Dies war der erste große Meilenstein auf dem Weg zur Entwicklung intelligenter Systeme.

Frühe KI-Programme waren jedoch alles andere als intelligent. Sie basierten auf einfachen Regeln und konnten nur festgelegte Aufgaben ausführen. Doch mit der Weiterentwicklung der Computertechnik und der Entdeckung neuer Algorithmen wurde es möglich, Maschinen mit Lernfähigkeit auszustatten. Ein wichtiger Durchbruch war das sogenannte maschinelle Lernen – ein Verfahren, bei dem Computer nicht mehr nur nach festen Anweisungen arbeiten, sondern aus Erfahrungen lernen können.

Die Mechanik des Denkens

Wie lernen Maschinen?

Maschinen lernen nicht so wie Menschen. Während wir durch Erfahrung, Fehler und Intuition Wissen erwerben, basieren KI-Systeme auf riesigen Datenmengen, statistischen Modellen und neuronalen Netzwerken. Diese Netzwerke sind inspiriert von der Funktionsweise des menschlichen Gehirns und bestehen aus mehreren Schichten künstlicher Neuronen, die Informationen verarbeiten und Muster erkennen können.

Ein Beispiel für das maschinelle Lernen ist das sogenannte Deep Learning. Hierbei werden künstliche neuronale Netzwerke mit gewaltigen Datenmengen trainiert, um komplexe Aufgaben zu lösen. Sprachassistenten wie Siri oder Chatbots basieren auf dieser Technologie und sind in der Lage, Sprache zu verstehen, indem sie Millionen von Beispielen analysieren.

Ein weiteres spannendes Konzept ist das Verstärkungslernen. Hierbei lernt eine KI durch Belohnung und Bestrafung – ähnlich wie ein Tier, das durch Versuch und Irrtum herausfindet, welches Verhalten zum Erfolg führt. Diese Methode wird besonders in der Robotik und in autonomen Systemen eingesetzt, um Maschinen beizubringen, sich an ihre Umgebung anzupassen.

Grenzen und Herausforderungen

Wann wird eine Maschine wirklich intelligent?

Trotz aller Fortschritte stellt sich die Frage, ob Maschinen tatsächlich denken oder nur komplexe Berechnungen ausführen. Während künstliche Intelligenzen in der Lage sind, Muster zu erkennen, Texte zu schreiben oder sogar medizinische Diagnosen zu stellen, fehlt ihnen etwas Entscheidendes: Bewusstsein.

Die menschliche Intelligenz ist geprägt von Emotionen, Kreativität und einem Selbstbewusstsein, das Maschinen bislang nicht besitzen. Ein KI-System kann eine Sonate von Beethoven analysieren und sogar eine neue Komposition im gleichen Stil generieren – aber es empfindet keine Freude an der Musik. Es kann ein philosophisches Argument verstehen, aber es hat keine eigene Meinung dazu.

Ein weiteres Problem ist die sogenannte ›Black Box‹ der KI. Viele moderne Systeme, insbesondere neuronale Netzwerke, sind so komplex, dass selbst ihre Entwickler nicht genau nachvollziehen können, warum eine KI eine bestimmte Entscheidung getroffen hat. Dies stellt eine große Herausforderung für den ethischen Umgang mit KI dar, insbesondere wenn sie in sicherheitskritischen Bereichen wie Medizin oder Justiz eingesetzt wird.

Der Einfluss auf die Gesellschaft

Chancen und Risiken

Die Auswirkungen von Künstlicher Intelligenz auf unsere Gesellschaft sind gewaltig. In der Medizin helfen KI-Systeme bei der Früherkennung von Krankheiten und der Entwicklung neuer Medikamente. In der Industrie optimieren sie Produktionsprozesse, in der Finanzwelt analysieren sie Märkte und treffen Handelsentscheidungen in Sekundenbruchteilen.

Doch es gibt auch Risiken. Eine der größten Sorgen ist die Automatisierung von Arbeitsplätzen. Viele Berufe, die früher von Menschen ausgeführt wurden, können heute von Maschinen übernommen werden. Selbst hochqualifizierte Berufe wie Journalismus oder Rechtsberatung werden zunehmend von KI unterstützt, wenn nicht sogar ersetzt.

Auch die Frage der Verantwortung bleibt offen. Wenn eine KI eine falsche Entscheidung trifft – wer ist dann schuld? Der Programmierer, das Unternehmen oder die Maschine selbst?

Diese ethischen Fragestellungen sind noch lange nicht geklärt und werfen grundlegende Fragen über die Beziehung zwischen Mensch und Technologie auf.

Die Zukunft der Künstlichen Intelligenz

Wohin geht die Reise?

Die Entwicklung der Künstlichen Intelligenz schreitet rasant voran. Wissenschaftler arbeiten an sogenannten allgemeinen KIs, die nicht nur spezialisierte Aufgaben ausführen, sondern eine menschenähnliche Intelligenz besitzen. Einige Experten glauben, dass dies bereits in wenigen Jahrzehnten möglich sein könnte, während andere warnen, dass eine solche Entwicklung unkontrollierbare Risiken mit sich bringen könnte.

Eine der spannendsten Zukunftsvisionen ist die Verschmelzung von Mensch und Maschine. Gehirn-Computer-Schnittstellen könnten es ermöglichen, unsere kognitive Leistungsfähigkeit zu erweitern oder sogar unser Bewusstsein auf Maschinen zu übertragen. Dies wirft jedoch die Frage auf, ob ein digitalisiertes Bewusstsein noch als Mensch gelten würde – oder ob wir dabei sind, eine völlig neue Form von Intelligenz zu erschaffen.

Fest steht: Künstliche Intelligenz ist keine ferne Zukunftsmusik mehr, sondern bereits tief in unseren Alltag integriert. Die kommenden Jahre werden zeigen, ob Maschinen nicht nur lernen, sondern auch verstehen können – und ob sie eines Tages vielleicht sogar ein eigenes Bewusstsein entwickeln. Bis dahin bleibt die Frage: *Denken Maschinen wirklich – oder spiegeln sie nur unser eigenes Denken wider?*

Robotik in der Medizin
Chirurgie, Pflege und Prothetik

Die Medizin ist eine der ältesten Wissenschaften der Menschheit – und zugleich eine der am stärksten durch Technologie geprägten. Während Heilmethoden über Jahrhunderte hinweg durch manuelle Fertigkeiten und Erfahrungswissen geprägt waren, hat sich in den letzten Jahrzehnten ein Wandel vollzogen, der nicht nur die Art der Behandlung verändert hat, sondern auch unser Verständnis von Gesundheit und Heilung.

Die Robotik spielt dabei eine zentrale Rolle. In Operationssälen, Pflegeeinrichtungen und bei der Entwicklung hochmoderner Prothesen ermöglichen Roboter bereits heute Behandlungen, die vor wenigen Jahrzehnten noch undenkbar gewesen wären. Sie assistieren Chirurgen mit unübertroffener Präzision, entlasten Pflegekräfte in ihrem Alltag und schenken Menschen mit körperlichen Einschränkungen neue Mobilität. Es ist eine stille Revolution – und sie hat gerade erst begonnen.

Präzision im Operationssaal

Roboter in der Chirurgie

Einer der spektakulärsten Fortschritte der modernen Medizin ist der Einsatz von Robotersystemen in der Chirurgie. Wo einst allein die ruhige Hand des Chirurgen entschied, übernehmen heute Maschinen eine Schlüsselrolle, die Operationen sicherer, schonender und effektiver machen. Die wohl bekannteste Entwicklung in diesem Bereich ist das Da Vinci-Operationssystem, das bereits seit den frühen 2000er Jahren weltweit eingesetzt wird. Dieses System ermöglicht es Chirurgen, Eingriffe mit äußerster Präzision durchzuführen – mithilfe eines Roboters, der die Bewegungen der menschlichen Hand in Miniaturformat überträgt.

Der große Vorteil der robotergestützten Chirurgie liegt in der minimal-invasiven Technik. Während traditionelle Operationen oft große Schnitte erfordern, können Roboter durch kleinste Zugänge in den Körper eindringen und dort Eingriffe mit höchster Präzision durchführen. Dies reduziert nicht nur die Belastung für den Patienten, sondern beschleunigt auch die Heilung erheblich. Vor allem in der Urologie, der Kardiologie und der Neurochirurgie kommen robotische Systeme zunehmend zum Einsatz.

Doch Roboter in der Chirurgie können mehr als nur *verlängerte Arme* des Chirurgen sein. Forschungen zielen darauf ab, Maschinen mit künstlicher Intelligenz auszustatten, sodass sie während der Operation Gewebestrukturen analysieren und in Echtzeit optimale Schnittführungen vorschlagen können. Diese Entwicklung könnte in Zukunft dazu führen, dass Roboter eigenständige chirurgische Entscheidungen treffen – eine Vorstellung, die gleichermaßen fasziniert wie herausfordert.

Pflege und Unterstützung

Wenn Roboter zu Helfern werden

Während Roboter in der Chirurgie hochspezialisiert arbeiten, haben sie in der Pflege eine vielschichtigere Aufgabe. Die steigende Lebenserwartung der Menschen führt dazu, dass der Bedarf an Pflegekräften kontinuierlich wächst – und gleichzeitig immer weniger Menschen diesen anspruchsvollen Beruf ausüben möchten. Hier kommen Roboter ins Spiel, um Pflegekräfte zu entlasten und Patienten eine bessere Betreuung zu ermöglichen.

Ein Beispiel ist der japanische Pflegeroboter *Robear*, der entwickelt wurde, um bettlägerige Patienten sicher aus dem Bett zu heben und zu transportieren. Wo Pflegekräfte bisher ihre eigene körperliche Belastbarkeit an ihre Grenzen brachten, können Roboter nun unterstützen. Auch in der alltäglichen Betreuung gibt es erste robotische Begleiter, die mit älteren Menschen interagieren, Erinnerungen an die Medikamenteneinnahme aussprechen oder Gespräche führen, um Einsamkeit zu lindern.

Besonders beeindruckend sind sozial-interaktive Roboter wie Pepper oder Paro, eine Roboter-Robbe, die gezielt in der Therapie von Demenzpatienten eingesetzt wird. Die Reaktionen sind erstaunlich: Menschen, die kaum noch auf ihre Umwelt reagieren, beginnen plötzlich, mit der Robbe zu interagieren – eine Verbindung, die auf menschlicher Ebene kaum mehr erreicht werden kann. Hier zeigt sich, dass Robotik nicht nur in der physischen, sondern auch in der emotionalen Unterstützung eine Rolle spielt.

Die Vision der Zukunft ist ein Gesundheitssystem, in dem Roboter als Assistenzkräfte fungieren – sie helfen, Patienten umzubetten, Reinigungsaufgaben zu übernehmen oder sogar Diagnosen durchzuführen. Doch wie bei jeder technologischen Entwicklung gibt es auch hier ethische Fragen: Wie viel menschliche Berührung braucht die Pflege? Und wie weit darf die Automatisierung gehen, bevor sie mehr Schaden als Nutzen bringt?

Neue Mobilität

Roboter in der Prothetik

Einer der beeindruckendsten Fortschritte in der Medizintechnik ist die Entwicklung moderner Prothesen. Während früher einfache Holzbeine oder rudimentäre Gelenkmechaniken das Maximum an Ersatz darstellten, sind heute robotergesteuerte Prothesen in der Lage, sich nahezu nahtlos in den menschlichen Bewegungsablauf einzufügen.

Möglich wird dies durch sogenannte Myoelektrische Prothesen, die Signale aus den Nervenenden des Trägers aufnehmen und in Bewegungen umsetzen. Menschen, die eine Hand oder ein Bein verloren haben, können dadurch wieder greifen, gehen oder sogar filigrane Bewegungen ausführen. Ein besonders faszinierendes Beispiel ist die Entwicklung bionischer Arme, die mit dem Gehirn verbunden werden und allein durch Gedanken gesteuert werden können – eine Technologie, die nicht mehr nur in der Forschung existiert, sondern bereits ersten Patienten das Leben erleichtert.

Neben Prothesen gewinnen auch Exoskelette zunehmend an Bedeutung. Diese robotergestützten Anzüge helfen Menschen mit Querschnittslähmung, wieder aufrecht zu stehen und zu gehen. Hier verschmelzen Robotik und menschliche Biologie in einer Weise, die vor wenigen Jahrzehnten noch als Science-Fiction galt.

Doch was bedeuten solche Entwicklungen für unser Selbstverständnis als Menschen? Wenn Prothesen nicht mehr nur Ersatz sind, sondern Fähigkeiten erweitern – wird der Mensch dann zum Cyborg? Erste Sportler nutzen bereits leistungsstarke bionische Beine, die ihnen mehr Kraft verleihen als natürliche Gliedmaßen. Die Grenzen zwischen Heilung und Optimierung verschwimmen – und damit auch die ethische Debatte darüber, wie weit wir den menschlichen Körper technologisch erweitern sollten.

Die Zukunft der medizinischen Robotik

Die Robotik hat die Medizin grundlegend verändert – und sie wird es weiterhin tun. Ob im Operationssaal, in der Pflege oder in der Prothetik: Maschinen übernehmen immer mehr Aufgaben, die früher ausschließlich Menschen vorbehalten waren. Sie ermöglichen Präzision, Effizienz und neue Heilungsmöglichkeiten, die noch vor wenigen Jahrzehnten unvorstellbar waren.

Doch mit dieser Entwicklung kommen auch Herausforderungen. Wo ziehen wir die Grenzen? Wie weit soll Automatisierung in der Pflege gehen? Werden Maschinen in der Zukunft nicht nur operieren, sondern auch diagnostizieren – oder sogar eigenständige Entscheidungen über Leben und Tod treffen? Und was passiert, wenn Menschen beginnen, ihre Körper bewusst durch Technologie zu erweitern?

Die Medizinrobotik zeigt uns eindrucksvoll, dass der Mensch nicht nur die Natur verändert, sondern auch sich selbst. Wir stehen an der Schwelle zu einer neuen Ära, in der Mensch und Maschine enger zusammenarbeiten als je zuvor. Die entscheidende Frage ist nicht mehr, ob Roboter in der Medizin eine Rolle spielen – sondern wie wir sie gestalten wollen. Denn in dieser Entscheidung liegt die Zukunft der Heilkunst, der Ethik und vielleicht sogar der menschlichen Existenz selbst.

Autonome Systeme
Drohnen, Fahrzeuge und Smart Homes

Die Idee von Maschinen, die selbstständig handeln und sich ihrer Umgebung anpassen, ist längst keine Zukunftsvision mehr – sie ist Realität. Autonome Systeme haben in den letzten Jahrzehnten eine rasante Entwicklung durchlaufen und sind heute fester Bestandteil unseres Alltags. Sie durchqueren als Drohnen den Himmel, steuern sich als Fahrzeuge selbst über Straßen und vernetzen unsere Wohnräume zu intelligenten Umgebungen. Dabei geht es nicht nur um Komfort, sondern auch um Effizienz, Sicherheit und ein völlig neues Verhältnis zwischen Mensch und Maschine.

Während frühe Maschinen noch strikte Befehle benötigten, um zu funktionieren, zeichnen sich moderne autonome Systeme durch ihre Fähigkeit aus, eigenständig Entscheidungen zu treffen. Möglich machen das Fortschritte in der Künstlichen Intelligenz, Sensorik und Datenverarbeitung. Diese Technologien ermöglichen es Drohnen, ihre Umgebung zu kartieren, Fahrzeugen, selbstständig Hindernissen auszuweichen, und Smart Homes, die Bedürfnisse ihrer Bewohner vorherzusehen. Doch mit diesen Fortschritten kommen auch Herausforderungen – rechtliche, ethische und gesellschaftliche Fragen, die dringend beantwortet werden müssen.

Der Himmel wird belebt

Drohnen als autonome Helfer

Die wohl sichtbarste Form autonomer Systeme sind Drohnen. Diese unbemannten Fluggeräte haben sich in den letzten Jahren von militärischen Werkzeugen zu vielseitig einsetzbaren Alltagshelfern entwickelt. Ob für Logistik, Überwachung oder Katastrophenschutz – Drohnen übernehmen heute eine Vielzahl von Aufgaben, die zuvor entweder gefährlich, teuer oder schlicht unmöglich waren.

Besonders die Paketlieferung durch Drohnen wird intensiv erforscht. Unternehmen wie Amazon oder DHL experimentieren mit autonomen Lieferdrohnen, die Pakete innerhalb kürzester Zeit direkt vor die Haustür bringen können. In abgelegenen Regionen sind sie bereits eine wertvolle Hilfe: In Afrika transportieren sie dringend benötigte Medikamente oder Blutkonserven in Gebiete, die mit Fahrzeugen nur schwer erreichbar sind.

Doch nicht nur in der Logistik haben Drohnen ihren Platz gefunden. Im Bereich der Katastrophenhilfe haben sie sich als unverzichtbar erwiesen. Nach Naturkatastrophen wie Erdbeben oder Überschwemmungen können sie aus der Luft eine schnelle Lageeinschätzung liefern und Überlebende aufspüren. In der Landwirtschaft überwachen sie Felder und analysieren mithilfe von Infrarotsensoren den Zustand der Pflanzen, um gezielt Düngemittel oder Wasser einzusetzen.

Die Fähigkeit von Drohnen, selbstständig zu navigieren und ihre Umgebung in Echtzeit zu analysieren, verdanken sie hochentwickelten Sensoren und Algorithmen des maschinellen Lernens. Während frühere Modelle noch von Menschen ferngesteuert wurden, können moderne Drohnen eigenständig Hindernisse umfliegen, optimale Flugrouten berechnen und sogar auf sich ändernde Wetterbedingungen reagieren. Doch mit dieser Autonomie wächst auch die Verantwortung: Wer haftet, wenn eine Drohne einen Schaden verursacht? Wie lässt sich sicherstellen, dass Drohnen nicht für Überwachungszwecke oder gar kriminelle Aktivitäten missbraucht werden? Diese Fragen sind noch nicht endgültig geklärt und zeigen, dass technischer Fortschritt stets auch gesellschaftliche Debatten nach sich zieht.

Autonome Fahrzeuge

Die Revolution der Mobilität

Wenn es eine Technologie gibt, die das Potenzial hat, unser alltägliches Leben grundlegend zu verändern, dann sind es autonome Fahrzeuge. Der Traum vom selbstfahrenden Auto, das den Menschen von der Pflicht des Fahrens entbindet, ist mittlerweile zum Greifen nah. Große Unternehmen wie Tesla, Google (mit Waymo) und traditionelle Autohersteller arbeiten mit Hochdruck an der Entwicklung von Fahrzeugen, die eigenständig navigieren, den Verkehr analysieren und Unfälle vermeiden können.

Autonome Fahrzeuge sind mit einer Vielzahl von Sensoren ausgestattet – von Kameras über Radar bis hin zu LIDAR-Technologie, die die Umgebung in dreidimensionalen Karten erfasst. Diese Daten werden in Echtzeit verarbeitet, sodass das Fahrzeug Entscheidungen über Geschwindigkeit, Spurwechsel oder Bremsmanöver treffen kann. Die Algorithmen der Künstlichen Intelligenz lernen aus Millionen von gefahrenen Kilometern und verbessern sich kontinuierlich.

Die Vorteile sind offensichtlich: Autonome Fahrzeuge könnten die Zahl der Verkehrsunfälle drastisch reduzieren, da sie nicht müde werden, nicht abgelenkt sind und schneller als Menschen auf Gefahrensituationen reagieren können. Zudem könnte der Verkehr effizienter gestaltet werden – intelligente Systeme könnten Staus verhindern, indem sie Fahrtrouten in Echtzeit optimieren.

Doch auch hier gibt es ungelöste Fragen. Wie entscheidet ein autonomes Fahrzeug in einer kritischen Situation? Wenn ein Unfall unvermeidbar ist – soll das Fahrzeug den Fahrer oder einen Fußgänger schützen? Solche ethischen Dilemmata sind schwer zu lösen, und es bleibt abzuwarten, wie diese Technologien gesellschaftlich und juristisch reguliert werden.

Zudem gibt es noch technische Herausforderungen. Autonome Systeme funktionieren derzeit am besten unter idealen Bedingungen – auf gut markierten Straßen mit stabilem Wetter. In komplexen Stadtumgebungen mit unvorhersehbarem Verhalten von Fußgängern, Radfahrern und anderen Fahrzeugen stoßen sie jedoch noch an ihre Grenzen. Die vollständige Autonomie liegt also noch in der Zukunft, doch die Richtung ist klar: Selbstfahrende Autos sind keine Frage des *Ob*, sondern des *Wann*.

Intelligente Häuser

Wenn das Zuhause mitdenkt

Während Drohnen den Himmel erobern und autonome Fahrzeuge unsere Straßen transformieren, findet eine weitere Revolution in unseren eigenen vier Wänden statt: das Smart Home. Intelligente Häuser sind keine Zukunftsmusik mehr – sie sind bereits Realität und verändern, wie wir wohnen, arbeiten und mit unserer Umgebung interagieren.

Ein Smart Home ist mehr als nur eine Sammlung vernetzter Geräte. Durch künstliche Intelligenz kann es lernen, sich den Gewohnheiten der Bewohner anzupassen. Lichter schalten sich automatisch aus, wenn niemand im Raum ist, die Heizung reguliert sich je nach Tageszeit und Wetter, und intelligente Sicherheitssysteme erkennen verdächtige Bewegungen und schlagen Alarm.

Ein besonders bemerkenswerter Aspekt ist die Sprachsteuerung. Systeme wie Amazon ›Alexa‹, Google Assistant oder Apple HomeKit ermöglichen es Nutzern, ihre gesamte Umgebung per Sprachbefehl zu steuern. Doch die nächste Stufe geht weit über das hinaus: Künftig könnten Smart Homes mit autonomen Robotern ausgestattet sein, die den Haushalt führen – vom Staubsauger bis hin zu Robotern, die Wäsche waschen und aufräumen.

Ein weiteres großes Potenzial liegt im Bereich der Pflege. Für ältere oder eingeschränkte Menschen können Smart Homes eine enorme Erleichterung darstellen. Sensoren können Stürze erkennen und automatisch Hilfe rufen, Medikamente können durch intelligente Systeme verwaltet werden, und digitale Assistenten können als soziale Begleiter fungieren.

Doch auch hier gibt es Herausforderungen: Die Abhängigkeit von vernetzten Systemen birgt Risiken, insbesondere in Bezug auf Datenschutz und Sicherheit. Wer garantiert, dass persönliche Daten nicht missbraucht werden? Wie sicher sind Smart Homes vor Hackerangriffen? Diese Fragen zeigen, dass mit der zunehmenden Vernetzung auch neue Gefahren entstehen.

Die Zukunft der autonomen Systeme

Drohnen, selbstfahrende Autos und Smart Homes sind keine bloßen technischen Spielereien – sie sind Teil eines tiefgreifenden Wandels, der unseren Alltag revolutioniert. Sie versprechen mehr Sicherheit, Komfort und Effizienz, stellen uns aber gleichzeitig vor neue ethische, rechtliche und soziale Herausforderungen.

Die Entwicklung autonomer Systeme wird weitergehen, und es liegt an uns, ihre Zukunft aktiv mitzugestalten. Die Frage ist nicht mehr, ob Maschinen selbstständig agieren werden, sondern wie wir mit ihnen zusammenleben wollen. Die stille Revolution hat längst begonnen – und ihre Auswirkungen werden weit über das hinausgehen, was wir uns heute vorstellen können.

Roboter im Alltag - Vom Staubsauger bis zum digitalen Assistenten

Roboter haben längst Einzug in unseren Alltag gehalten, oft so unauffällig, dass wir sie kaum noch bewusst wahrnehmen. Während sie früher vor allem in industriellen Anwendungen zu finden waren, sind sie heute in vielen Haushalten, Büros und öffentlichen Bereichen präsent. Sie reinigen unsere Böden, helfen uns beim Einkaufen, steuern unsere Heizung und organisieren unser Leben durch digitale Assistenten. Dabei sind sie weit mehr als technische Spielereien – sie verändern unsere Lebensweise grundlegend.

Intelligente Haushaltshelfer

Die Evolution des Staubsaugerroboters

Einer der bekanntesten und meistgenutzten Haushaltsroboter ist der Staubsaugerroboter. Was als einfache Idee begann, hat sich zu einem technologischen Wunderwerk entwickelt. Frühe Modelle fuhren noch zufällig durch die Wohnung, prallten gegen Möbel und kehrten chaotisch an ihren Ausgangspunkt zurück. Heute hingegen sind sie mit hochentwickelten Sensoren, Kameras und sogar künstlicher Intelligenz ausgestattet, die es ihnen ermöglichen, ihre Umgebung zu kartieren und gezielt zu navigieren.

Moderne Staubsaugerroboter wie der *Roomba* oder der *Roborock* erkennen Hindernisse, vermeiden Treppenstürze und passen ihre Reinigungsroutinen an den Verschmutzungsgrad an. Einige Modelle sind sogar in der Lage, ihre Fahrwege zu optimieren, indem sie aus vorherigen Durchläufen lernen. Die neueste Generation geht noch weiter: Sie kann mit Sprachassistenten verknüpft werden, sodass eine Reinigung per Sprachbefehl gestartet oder gestoppt werden kann.

Doch nicht nur Staubsauger haben die Art und Weise verändert, wie wir unseren Haushalt führen. Wischroboter übernehmen das feuchte Reinigen, Rasenmähroboter sorgen für einen stets gepflegten Garten und Fensterputzroboter befreien Glasflächen von Schmutz – all das mit minimalem menschlichem Eingriff.

Digitale Assistenten

Die unsichtbaren Helfer im Alltag

Neben physischen Robotern, die konkrete Aufgaben übernehmen, haben sich auch digitale Assistenten fest in unseren Alltag integriert. Sprachgesteuerte Systeme wie Amazons ›Alexa‹, Google Assistant oder Apples Siri sind allgegenwärtig und steuern Licht, Musik, Termine oder sogar Sicherheitsfunktionen in unseren Wohnungen.

Diese Assistenten basieren auf künstlicher Intelligenz und maschinellem Lernen, wodurch sie sich stetig verbessern und an die Bedürfnisse ihrer Nutzer anpassen können. Sie erkennen individuelle Sprachmuster, beantworten Fragen, bestellen Produkte oder erinnern an anstehende Termine. Dank der Vernetzung mit Smart-Home-Systemen sind sie in der Lage, ganze Wohnräume zu steuern – vom Dimmen des Lichts bis zur Regulierung der Raumtemperatur.

Die Entwicklung dieser digitalen Helfer ist rasant. Während frühe Sprachassistenten noch Schwierigkeiten mit komplexen Befehlen hatten, sind heutige Systeme in der Lage, natürliche Gespräche zu führen und kontextbezogene Antworten zu geben. Zukünftige Entwicklungen könnten dazu führen, dass diese Assistenten noch proaktiver werden, indem sie Nutzergewohnheiten analysieren und selbstständig Vorschläge für den Alltag machen.

Künstliche Intelligenz im täglichen Leben

Ein entscheidender Faktor für die Verbreitung von Alltagsrobotern ist die Fortschritte in der Künstlichen Intelligenz. Ohne die Fähigkeit, selbstständig zu lernen und Entscheidungen zu treffen, wären viele dieser Systeme kaum brauchbar.

Moderne Kühlschränke können erkennen, welche Lebensmittel fehlen und automatisch Bestellungen aufgeben. Intelligente Thermostate passen sich an das Nutzungsverhalten an und reduzieren so den Energieverbrauch. Selbst im Bereich der persönlichen Gesundheit spielen Roboter und KI-gestützte Systeme eine immer größere Rolle – von smarten Armbanduhren, die den Herzschlag überwachen, bis hin zu intelligenten Medikamentenspendern, die Patienten an die Einnahme erinnern.

Während die Vorteile dieser Technologien offensichtlich sind, gibt es auch Herausforderungen. Datenschutz bleibt ein zentrales Thema, da viele dieser Geräte auf kontinuierliche Datenübertragung angewiesen sind. Die Frage, wie diese Daten genutzt und gesichert werden, wird in Zukunft immer wichtiger werden.

Die Zukunft der Alltagsrobotik

Die Entwicklung von Robotern für den Alltag steckt trotz aller Fortschritte noch in den Kinderschuhen. Doch schon heute ist absehbar, dass sie in immer mehr Lebensbereiche vordringen werden. Humanoide Roboter, die als persönliche Assistenten agieren, könnten bald ebenso selbstverständlich sein wie heute ein Sprachassistent.

Auch die Interaktion zwischen Mensch und Maschine wird immer natürlicher werden. Künftig könnten Roboter nicht nur auf Sprachbefehle reagieren, sondern auch Emotionen interpretieren und soziale Interaktionen führen. In der Pflege könnten Roboter beispielsweise mit älteren Menschen kommunizieren, um ihnen Gesellschaft zu leisten und ihre kognitive Gesundheit zu fördern.

Die Frage ist nicht mehr, ob Roboter Teil unseres Alltags sein werden, sondern wie tief sie in unser Leben integriert werden. Schon jetzt haben sie begonnen, unsere Welt zu verändern – oft unbemerkt, aber mit nachhaltiger Wirkung. Die Grenzen zwischen Mensch und Maschine verschwimmen, und es bleibt spannend, wohin diese Entwicklung noch führen wird.

Ethische Fragen
Dürfen Maschinen über Menschen entscheiden?

Die Frage, ob Maschinen über Menschen entscheiden dürfen, gehört zu den komplexesten ethischen und philosophischen Herausforderungen unserer Zeit. Während Künstliche Intelligenz und autonome Systeme immer leistungsfähiger werden, drängen sich unausweichlich Fragen nach Verantwortung, Moral und Kontrolle auf. Können Maschinen faire Entscheidungen treffen? Dürfen sie über Leben und Tod bestimmen? Und was bedeutet es für die Menschheit, wenn nicht mehr sie selbst, sondern Algorithmen über ihr Schicksal befinden?

Diese Fragen sind keine theoretischen Gedankenspiele mehr. In der Medizin, im Verkehr, im Militär und in der Justiz gibt es bereits heute Systeme, die Entscheidungen mit weitreichenden Konsequenzen treffen. Doch wo liegen die Grenzen? Und wie stellen wir sicher, dass Maschinen nicht über die ethischen Werte hinauswachsen, die wir ihnen auferlegen?

Autonome Systeme und Verantwortung

Die Automatisierung schreitet in rasantem Tempo voran. Während Roboter einst nur ausführende Werkzeuge waren, übernehmen sie heute Aufgaben, die traditionell dem menschlichen Urteilsvermögen vorbehalten waren. Besonders brisant ist dies im Bereich der autonomen Fahrzeuge.

Ein selbstfahrendes Auto muss in Sekundenbruchteilen Entscheidungen treffen – soll es bei einem drohenden Unfall den Fahrer schützen oder einen Fußgänger? Diese Fragestellung führt direkt zum berühmten Trolley-Problem: Ist es moralisch vertretbar, eine Person zu opfern, um viele zu retten? Während ein Mensch in einer solchen Situation instinktiv handeln würde, kann eine Maschine diese Entscheidung rational berechnen. Doch genau hier liegt das Problem: Wollen wir, dass Maschinen Entscheidungen auf Basis von Statistiken und Wahrscheinlichkeiten treffen? Und wer trägt die Verantwortung, wenn etwas schiefgeht – der Programmierer, der Hersteller oder das System selbst?

Noch gravierender sind die ethischen Fragen im Militär. Autonome Waffensysteme, sogenannte Killerroboter, könnten in Zukunft Entscheidungen über Leben und Tod fällen, ohne dass ein Mensch eingreift. Dürfen wir Maschinen mit solch ultimativer Macht ausstatten? Und wenn ja, welche Regeln müssen wir ihnen auferlegen, damit sie nicht zu unkontrollierbaren Akteuren werden?

Algorithmen in Justiz und Medizin

Nicht nur in lebensbedrohlichen Situationen, sondern auch in der Justiz werden Algorithmen zunehmend zur Entscheidungsfindung herangezogen. In einigen Ländern werden KI-Systeme bereits genutzt, um die Rückfallwahrscheinlichkeit von Straftätern einzuschätzen. Diese Entscheidungen können über Bewährung oder längere Haftstrafen entscheiden. Doch was passiert, wenn ein Algorithmus diskriminiert?

Künstliche Intelligenzen lernen aus Daten – und diese Daten sind oft von gesellschaftlichen Vorurteilen geprägt. Wenn eine Maschine entscheidet, ob ein Angeklagter eine zweite Chance verdient, basiert dies nicht auf Mitgefühl oder menschlichem Ermessen, sondern auf Mustern und Statistiken. Die Gefahr besteht, dass bestehende Ungerechtigkeiten nicht nur übernommen, sondern durch die vermeintliche Objektivität der Maschine verstärkt werden.

Ähnlich verhält es sich in der Medizin. KI-Systeme analysieren Patientendaten und schlagen Behandlungen vor. Manchmal erkennen sie Krankheitsbilder schneller und präziser als ein menschlicher Arzt. Doch was, wenn eine KI eine riskante Therapie empfiehlt? Wer trägt die Verantwortung? Und wie stellen wir sicher, dass die Entscheidungen einer Maschine nachvollziehbar und ethisch vertretbar bleiben?

Die Illusion der Objektivität

Eine weit verbreitete Annahme ist, dass Maschinen objektiv entscheiden, da sie nicht von Emotionen beeinflusst werden. Doch das ist eine gefährliche Fehleinschätzung. Maschinen sind nur so unvoreingenommen wie die Daten, mit denen sie trainiert wurden. Wenn ein KI-System auf historischen Daten basiert, die bereits von Ungerechtigkeiten durchzogen sind, wird es diese Muster weiterführen – und möglicherweise sogar verstärken.

Ein bekanntes Beispiel ist die Rekrutierungspraxis von Unternehmen, die KI nutzen, um Bewerbungen zu analysieren. Es stellte sich heraus, dass einige Algorithmen Frauen systematisch benachteiligten, weil sie aus Daten vergangener Einstellungen gelernt hatten, dass Männer häufiger in Führungspositionen eingestellt wurden. Anstatt diskriminierende Muster zu durchbrechen, reproduzierte die Maschine sie – unter dem Deckmantel der Neutralität.

Das zeigt: Maschinen sind nicht automatisch gerechter als Menschen. Sie sind nur so gut oder so fehlerhaft wie die Welt, aus der sie lernen. Wenn wir ihnen Entscheidungsgewalt überlassen, müssen wir uns bewusst sein, dass sie bestehende Ungleichheiten nicht beseitigen, sondern oft unbemerkt verfestigen.

Maschinen und Moral

Ein weiteres Problem ist, dass Maschinen keine moralischen Werte haben. Sie können ethische Regeln befolgen, wenn wir sie ihnen einprogrammieren, aber sie haben kein eigenes Bewusstsein für Gut und Böse. Während ein Mensch Mitgefühl, Intuition und moralische Dilemmata in seine Entscheidungen einfließen lässt, folgt eine Maschine starren Regeln.

Die berühmten ›Drei Gesetze der Robotik‹ von Isaac Asimov, die Maschinen verbieten, Menschen zu verletzen, sind eine interessante theoretische Grundlage – doch in der Realität sind moralische Entscheidungen oft nicht so einfach. Es gibt Situationen, in denen es keine perfekte Lösung gibt. Ein Arzt muss manchmal entscheiden, welchen Patienten er zuerst behandelt. Ein Richter muss zwischen Gnade und Strafe abwägen. Solche Entscheidungen sind nicht nur logische Berechnungen – sie sind geprägt von Menschlichkeit.

Die Zukunft der Entscheidungsgewalt

Angesichts dieser Herausforderungen stellt sich die Frage: Wie gehen wir mit der wachsenden Macht der Maschinen um? Sollten wir ihnen weiterhin mehr Verantwortung übertragen oder klare Grenzen setzen?

Ein möglicher Weg ist, hybride Systeme zu schaffen, in denen Maschinen und Menschen gemeinsam Entscheidungen treffen. Künstliche Intelligenz kann als beratendes Werkzeug dienen, das Menschen unterstützt, aber nicht ersetzt. So könnten Algorithmen Risiken berechnen, Wahrscheinlichkeiten analysieren und Empfehlungen aussprechen – die endgültige Entscheidung bleibt jedoch dem Menschen überlassen.

Ein anderer Ansatz ist die Schaffung strenger ethischer Richtlinien. Internationale Organisationen und Ethikräte arbeiten bereits an Regularien, die den Einsatz von KI begrenzen und sicherstellen sollen, dass Maschinen in kritischen Bereichen nur unter menschlicher Aufsicht agieren. Doch die Technologie entwickelt sich schneller als die Gesetze – und es bleibt fraglich, ob Regulierung allein ausreicht.

Ein Balanceakt zwischen Fortschritt und Verantwortung

Die Frage, ob Maschinen über Menschen entscheiden dürfen, ist keine bloße Zukunftsvision – sie ist eine dringende Herausforderung der Gegenwart. Autonome Systeme werden zunehmend in Bereiche integriert, die tief in unsere Gesellschaft eingreifen. Sie treffen medizinische Diagnosen, optimieren Justizverfahren und steuern Fahrzeuge – doch können sie jemals menschliches Urteilsvermögen ersetzen?

Die Antwort darauf liegt in der Balance zwischen technologischem Fortschritt und ethischer Verantwortung. Maschinen können Entscheidungsprozesse effizienter machen, aber sie dürfen niemals zum alleinigen Richter über menschliche Schicksale werden. Letztlich ist es an uns, zu bestimmen, welche Rolle wir ihnen zugestehen – und wie wir sicherstellen, dass sie im Dienst der Menschlichkeit stehen, anstatt sie zu beherrschen.

Arbeitsmarkt der Zukunft

Roboter als Kollegen oder Konkurrenten?

Die Arbeitswelt befindet sich in einem radikalen Wandel. Mit der rasanten Entwicklung der Robotik und künstlichen Intelligenz stellt sich eine zentrale Frage: Werden Maschinen unsere Partner sein – oder verdrängen sie uns aus unseren Berufen? Während einige optimistisch in die Zukunft blicken und Roboter als nützliche Kollegen sehen, fürchten andere, dass menschliche Arbeitskraft bald überflüssig wird. Doch wie sieht die Realität aus? Und wie können wir eine Zukunft gestalten, in der Mensch und Maschine sinnvoll zusammenarbeiten?

Die Automatisierung:

Segen oder Fluch?

Seit der industriellen Revolution haben Maschinen menschliche Arbeit ersetzt. Doch was früher einfache mechanische Aufgaben waren, betrifft heute auch hochqualifizierte Berufe. Roboter montieren Autos, analysieren Finanzmärkte und stellen medizinische Diagnosen. In einigen Bereichen sind sie den Menschen bereits überlegen – schneller, präziser, fehlerfrei. Aber bedeutet das zwangsläufig den Verlust von Arbeitsplätzen?

Die Geschichte zeigt, dass neue Technologien oft Arbeitsplätze vernichten – aber auch neue schaffen. Als Computer Einzug in Büros hielten, fürchteten viele das Ende der Schreibkraft. Stattdessen entstanden zahllose neue Berufe in der IT-Branche. Wird es mit Robotern genauso sein? Die Antwort darauf hängt von unserer Fähigkeit ab, den Wandel zu gestalten.

Roboter als Kollegen

Zusammenarbeit im digitalen Zeitalter

In vielen Branchen werden Roboter nicht als Konkurrenten, sondern als Helfer gesehen. In der Industrie übernehmen sie gefährliche oder monotone Aufgaben, während sich menschliche Arbeitskräfte anspruchsvolleren Tätigkeiten widmen. In der Chirurgie unterstützen robotische Systeme Ärzte mit präzisen Eingriffen, in der Logistik helfen sie, Waren effizienter zu transportieren. Diese Zusammenarbeit zwischen Mensch und Maschine kann die Produktivität steigern, Arbeitsbedingungen verbessern und neue Möglichkeiten schaffen.

Ein weiteres Beispiel ist der Bereich der sogenannten *Cobots* – kollaborative Roboter, die Seite an Seite mit Menschen arbeiten. Anders als traditionelle Industrieroboter, die hinter Schutzbarrieren agieren, sind *Cobots* darauf ausgelegt, mit menschlichen Kollegen zu interagieren und flexibel auf deren Bedürfnisse zu reagieren. Statt Arbeitsplätze zu gefährden, sollen sie helfen, sie sicherer und effizienter zu machen.

Wenn Maschinen denken

Künstliche Intelligenz im Arbeitsmarkt

Während physische Roboter hauptsächlich in der Produktion zu finden sind, revolutioniert künstliche Intelligenz zunehmend den Dienstleistungssektor. KI-gestützte Systeme übernehmen bereits heute Aufgaben, die zuvor Menschen vorbehalten waren: Kundenservice, Rechtsberatung, medizinische Diagnostik und sogar kreative Tätigkeiten wie das Verfassen von Texten oder das Komponieren von Musik.

Diese Entwicklung wirft eine brisante Frage auf: Wenn Maschinen nicht nur körperliche, sondern auch geistige Arbeit übernehmen – was bleibt dann für den Menschen? Die Antwort liegt möglicherweise in unserer Fähigkeit, uns weiterzuentwickeln. Kreativität, emotionale Intelligenz und soziale Kompetenzen sind nach wie vor Domänen, in denen Menschen Maschinen überlegen sind. Anstatt gegen Roboter zu konkurrieren, könnte der Schlüssel darin liegen, mit ihnen zu arbeiten und sich auf Tätigkeiten zu konzentrieren, die Maschinen nicht ersetzen können.

Gefahren und Herausforderungen

Die soziale Frage der Automatisierung

Trotz der Chancen, die die Robotik bietet, gibt es berechtigte Sorgen. Der technologische Wandel verläuft nicht für alle gleich. Während gut ausgebildete Fachkräfte von neuen Möglichkeiten profitieren, könnten weniger qualifizierte Arbeiter von Automatisierung verdrängt werden. Eine Gesellschaft, die nicht auf diesen Wandel vorbereitet ist, könnte mit wachsender Arbeitslosigkeit und sozialen Ungleichheiten konfrontiert sein.

Ein weiteres Problem ist die wirtschaftliche Konzentration. Unternehmen, die in Robotik und KI investieren, könnten überproportional profitieren, während traditionelle Arbeitskräfte ins Hintertreffen geraten. Ohne geeignete Maßnahmen zur Umverteilung könnte sich die Kluft zwischen Arm und Reich weiter vertiefen.

Ein Blick in die Zukunft

Wie gestalten wir den Wandel?

Die Frage, ob Roboter Kollegen oder Konkurrenten sind, ist keine rein technologische, sondern eine gesellschaftliche. Wie wir mit der Automatisierung umgehen, hängt von politischen, wirtschaftlichen und sozialen Entscheidungen ab. Bildung und Weiterbildung spielen eine Schlüsselrolle: Wenn sich die Anforderungen an den Arbeitsmarkt ändern, müssen auch Menschen die Möglichkeit haben, sich anzupassen.

Ein möglicher Lösungsansatz ist die Einführung neuer Modelle wie das bedingungslose Grundeinkommen oder eine Robotersteuer, die sicherstellt, dass der Wohlstand, den Maschinen schaffen, allen zugutekommt. Gleichzeitig müssen Unternehmen dazu ermutigt werden, Arbeitskräfte weiterzubilden, anstatt sie zu ersetzen.

Zusammenarbeit statt Konkurrenz

Ob Roboter unsere Kollegen oder Konkurrenten sind, ist keine vorbestimmte Tatsache – es ist eine Frage der Gestaltung. Die Automatisierung wird den Arbeitsmarkt tiefgreifend verändern, aber es liegt in unserer Hand, diesen Wandel so zu lenken, dass er Vorteile für alle bringt. Anstatt Maschinen als Bedrohung zu sehen, könnten wir sie als Werkzeuge begreifen, die uns helfen, neue Möglichkeiten zu erschließen.

Die Zukunft gehört nicht den Maschinen allein – sondern denen, die bereit sind, mit ihnen zu arbeiten. Wer diese Veränderung als Chance begreift, wird nicht von ihr überrollt, sondern kann sie aktiv mitgestalten. Der Schlüssel liegt in der Balance zwischen Technologie, Ethik und sozialer Verantwortung – und darin, die Rolle des Menschen in einer automatisierten Welt neu zu definieren.

Die Grenzen der Robotik
Was Maschinen (noch) nicht können

Die Fortschritte der Robotik sind beeindruckend. Maschinen haben längst Bereiche erobert, die einst als exklusiv menschlich galten: Sie analysieren riesige Datenmengen in Sekundenbruchteilen, erkennen komplexe Muster, lernen aus Erfahrungen und übernehmen Aufgaben, die einst nur Menschen bewältigen konnten. Dennoch gibt es nach wie vor fundamentale Grenzen. Maschinen können viel – aber sie können nicht alles. Ihre größte Schwäche liegt nicht in der Berechnung oder Effizienz, sondern in den Bereichen, die den Menschen als fühlendes und denkendes Wesen auszeichnen: Kreativität, Bewusstsein, Intuition und die Fähigkeit, Bedeutung über bloße Muster hinaus zu erkennen.

Die Illusion der Kreativität

Künstliche Intelligenz kann Kunstwerke erschaffen, Musik komponieren und Romane schreiben – doch ist das wahre Kreativität? Algorithmen generieren Bilder im Stil alter Meister, komponieren Melodien nach erlernten Mustern oder erschaffen Geschichten, die sich an bekannten Strukturen orientieren. Doch das, was den Menschen wirklich kreativ macht, fehlt: die Fähigkeit, das Neue aus dem Unbekannten zu formen, jenseits der Grenzen des Gelernten.

Kreativität bedeutet nicht nur das Variieren bestehender Konzepte, sondern auch das Entwickeln völlig neuer Ideen, die sich keiner bekannten Regel unterordnen. Eine KI kann ein Gedicht verfassen, aber sie empfindet nichts dabei. Sie kann eine Melodie komponieren, aber sie erlebt keine Inspiration. Der Mensch hingegen schöpft aus Emotionen, Erinnerungen und unvorhersehbaren Assoziationen. Maschinen imitieren – aber sie erschaffen nicht aus einem inneren Antrieb heraus.

Bewusstsein – das unerreichbare Geheimnis

Ein weiteres fundamentales Problem ist das Fehlen eines echten Bewusstseins. Eine Maschine kann auf Fragen antworten, scheinbar sinnvolle Gespräche führen und sogar *lernen* – aber sie weiß nicht, dass sie existiert. Sie empfindet nichts, sie reflektiert nicht über sich selbst.

Der Mensch besitzt ein inneres Erleben – ein Selbstgefühl, ein Bewusstsein seines Seins. Maschinen hingegen sind hochentwickelte *Musterverarbeiter*. Sie reagieren auf Eingaben und generieren Ausgaben, ohne zu *verstehen*, was sie tun. Das berühmte ›chinesische Zimmer-Gedankenexperiment‹ des Philosophen John Searle beschreibt dieses Problem: Eine Maschine kann Zeichen umsetzen, ohne zu wissen, was sie bedeuten. Ebenso *versteht* eine KI keine Sprache, auch wenn sie in der Lage ist, perfekte Sätze zu formulieren. Sie erkennt Muster, aber nicht Sinn.

Das wirft die Frage auf: Ist Bewusstsein ein Produkt von Komplexität? Wird eine KI irgendwann ein echtes Ich-Bewusstsein entwickeln, wenn ihre Strukturen nur komplex genug sind? Oder gibt es eine fundamentale Trennung zwischen algorithmischem Denken und dem, was wir als ›Leben‹ bezeichnen? Bis heute gibt es keine klare Antwort – und vielleicht liegt die Grenze der Maschinen genau hier.

Die Intuition – das Unbewusste als Stärke

Ein weiteres großes Manko der Maschinen ist die fehlende Intuition. Menschen können Entscheidungen auf Basis von Erfahrung, Bauchgefühl oder unbewussten Prozessen treffen – oft schneller und effektiver als jede logische Analyse. Ein erfahrener Arzt spürt, wenn eine Diagnose nicht stimmt, auch wenn alle Tests normal erscheinen. Ein Künstler weiß, wann ein Werk *fertig* ist, ohne eine exakte Regel dafür zu haben. Ein erfahrener Pilot kann eine gefährliche Situation meistern, selbst wenn alle Instrumente versagen.

Maschinen hingegen sind auf Daten angewiesen. Sie brauchen Messwerte, Zahlen, Regeln. Ohne eine definierte Grundlage können sie keine Entscheidung treffen. Intuition ist schwer in Algorithmen zu fassen, weil sie aus unbewussten Prozessen entsteht – aus einem tiefen, oft nicht erklärbaren Erfahrungswissen, das sich jenseits logischer Abfolgen entwickelt. Solange Maschinen auf explizite Eingaben angewiesen sind, werden sie diese Grenze nicht überschreiten.

Das Verstehen von Bedeutung

Eine der größten Herausforderungen der Robotik ist das Erfassen von Bedeutung. Maschinen können Texte analysieren, grammatikalische Strukturen verstehen, sogar Sarkasmus oder Stimmungen erkennen – doch sie wissen nicht, was diese Worte bedeuten. Eine KI kann den Satz *Ich liebe dich* perfekt verarbeiten, aber sie empfindet nichts dabei. Sie kann zwischen Freude und Trauer unterscheiden, aber sie erlebt keinen der beiden Zustände.

Die menschliche Fähigkeit, Bedeutung über das Offensichtliche hinaus zu erfassen, bleibt Maschinen verschlossen. Ein Mensch kann zwischen den Zeilen lesen, eine tiefere Botschaft in einem Kunstwerk spüren oder eine Geste verstehen, die über Worte hinausgeht. Maschinen hingegen analysieren – aber sie deuten nicht im eigentlichen Sinne. Sie können nicht, weil ihnen die Perspektive fehlt, die nur ein fühlendes Wesen besitzt.

Emotionen – mehr als chemische Prozesse

Ein oft diskutierter Punkt ist die Fähigkeit von Maschinen, Emotionen zu *erkennen*. Künstliche Intelligenz kann Gesichtsausdrücke analysieren, Tonlagen interpretieren und auf Basis dieser Informationen Rückschlüsse ziehen. Doch ist das wahre Empathie?

Empathie bedeutet nicht nur, eine Emotion zu identifizieren, sondern sie zu fühlen – zu spüren, was ein anderes Wesen empfindet, und darauf in einer Weise zu reagieren, die nicht nur logisch, sondern auch menschlich ist. Maschinen fehlt diese Dimension. Sie können so programmiert werden, dass sie tröstende Worte sprechen oder beruhigende Gesten ausführen – aber sie tun es nicht aus Mitgefühl, sondern weil ihr Code es vorgibt.

Menschen haben die Fähigkeit, sich in andere hineinzuversetzen, weil sie selbst Erfahrungen mit Schmerz, Freude, Angst oder Hoffnung gemacht haben. Sie wissen, wie es sich anfühlt. Maschinen haben kein Innenleben. Sie imitieren Gefühle, aber sie erleben sie nicht.

Die Grenzen der Robotik – für immer oder nur vorübergehend?

Die Frage, ob Maschinen diese Grenzen jemals überschreiten werden, bleibt offen. Manche Forscher glauben, dass künstliche Intelligenz irgendwann ein eigenes Bewusstsein entwickeln könnte – andere halten das für unmöglich. Vielleicht ist Bewusstsein keine Frage der Rechenleistung, sondern eine Eigenschaft, die nur biologischen Wesen vorbehalten bleibt. Vielleicht aber müssen wir auch unsere eigene Definition von Bewusstsein überdenken.

Doch eines ist sicher: Zum jetzigen Zeitpunkt gibt es Dinge, die Maschinen nicht können. Sie sind hochintelligente Werkzeuge, die uns helfen, Probleme zu lösen – aber sie sind keine Lebewesen. Sie können denken, aber nicht fühlen. Sie können erschaffen, aber nicht träumen. Sie können analysieren, aber nicht verstehen.

Die größte Herausforderung für die Zukunft ist nicht, ob Maschinen diese Grenzen überschreiten, sondern ob wir sie erkennen, wenn sie es tun. Vielleicht ist das eigentliche Problem nicht, was Maschinen nicht können – sondern was wir noch nicht verstanden haben.

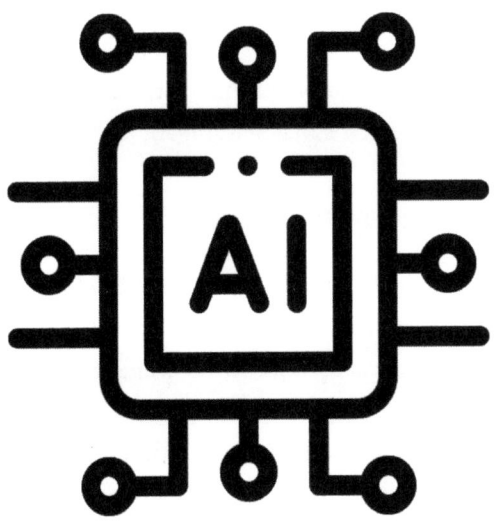

Die Zukunft der Robotik
Wohin führt die Reise?

Die Reise der Robotik hat gerade erst begonnen. Während wir bereits von Maschinen umgeben sind, die uns im Haushalt helfen, Operationen präziser machen und Fahrzeuge autonom steuern, stehen wir doch erst am Anfang einer Entwicklung, deren Endpunkt wir kaum erahnen können.

Die Robotik hat das Potenzial, unser Leben so grundlegend zu verändern, wie es einst die Erfindung des Feuers oder der Elektrizität tat. Doch wohin führt diese Reise? Werden Roboter uns ergänzen oder uns ersetzen? Werden sie uns dienen oder uns überflügeln? Die Antworten auf diese Fragen hängen nicht nur von der technologischen Entwicklung ab, sondern auch von den ethischen Entscheidungen, die wir heute treffen.

Die nächste Generation der Robotik

Die gegenwärtige Robotik basiert auf maschinellem Lernen, Sensorik und hochpräziser Mechanik. Doch das, was wir als Fortschritt wahrnehmen, könnte in wenigen Jahrzehnten als primitive Technologie gelten. Die nächste Generation von Robotern wird sich noch stärker an der Biologie orientieren, mit flexibleren Materialien, die Muskeln und Sehnen nachahmen, und mit neuronalen Netzwerken, die nicht nur reagieren, sondern auch vorhersagen und kreativ denken können.

Besonders spannend ist die Entwicklung sogenannter Soft Robots, die nicht mehr aus starren Metallstrukturen bestehen, sondern aus flexiblen, anpassungsfähigen Materialien. Diese Roboter könnten sich wie lebendige Organismen bewegen, sich durch enge Räume schlängeln oder ihre Form je nach Aufgabe verändern. Sie werden in der Medizin eingesetzt, um minimal-invasive Operationen durchzuführen, oder in Katastrophengebieten, um Menschen zu retten, die in Trümmern eingeschlossen sind.

Parallel dazu schreitet die Entwicklung humanoider Roboter voran. Während heutige humanoide Maschinen noch unbeholfen wirken, könnten zukünftige Modelle nicht nur unsere Bewegungen, sondern auch unsere Emotionen und Denkprozesse nachahmen. Das ultimative Ziel: Roboter, die sich in unser gesellschaftliches Leben integrieren, als Assistenten, als Kollegen, vielleicht sogar als Freunde.

Die Robotik und die Gesellschaft

Die größte Herausforderung für die Robotik der Zukunft ist nicht die Technik, sondern die Gesellschaft. Wie werden wir mit Maschinen umgehen, die uns in vielen Bereichen überlegen sind? Welche Rechte werden Roboter haben? Und wie stellen wir sicher, dass sie unseren Werten dienen und nicht ihren eigenen?

Ein entscheidender Faktor wird sein, wie sich unsere Arbeitswelt durch Robotik verändert. Werden Maschinen Menschen ersetzen oder werden sie neue Berufe schaffen? Während einige befürchten, dass Roboter massenhaft Arbeitsplätze vernichten, gibt es auch die Möglichkeit, dass sie Menschen von monotonen, gefährlichen oder körperlich belastenden Arbeiten befreien und uns mehr Raum für kreative und soziale Tätigkeiten geben.

Doch es gibt auch Risiken. Die zunehmende Automatisierung könnte zu einer stärkeren gesellschaftlichen Spaltung führen, wenn nicht sichergestellt wird, dass die Vorteile der Technologie allen zugutekommen. Wer besitzt die Roboter? Wer kontrolliert ihre Entwicklung? Und wie verhindern wir, dass eine kleine Elite von Unternehmen oder Staaten die Welt mit ihrer Technologie dominiert?

Die ethische Dimension

Mit der Weiterentwicklung der Robotik wächst auch die Verantwortung. Schon heute gibt es Debatten darüber, ob Maschinen Rechte haben sollten oder ob sie immer nur Werkzeuge der Menschen bleiben. Wenn Roboter ein eigenes Bewusstsein entwickeln oder sich so verhalten, als hätten sie Emotionen, werden wir sie dann noch als bloße Programme betrachten können?

Ein weiteres ethisches Dilemma betrifft autonome Waffensysteme. Während Roboter in der Medizin und Industrie immense Fortschritte bringen, könnten sie im militärischen Bereich eine Bedrohung für die Menschheit darstellen. Der Einsatz von autonomen Killermaschinen, die ohne menschliches

Zutun Entscheidungen über Leben und Tod treffen, ist eine der größten Gefahren der zukünftigen Robotik.

Gleichzeitig müssen wir uns fragen, ob und wie weit wir Menschen mit Maschinen verschmelzen wollen. Cyborg-Technologien, die den menschlichen Körper mit robotischen Elementen verbessern, sind längst keine Science-Fiction mehr. Schon heute gibt es Menschen mit bionischen Gliedmaßen, mit Implantaten zur Steigerung ihrer Fähigkeiten. Werden wir in Zukunft unsere körperlichen Grenzen freiwillig überschreiten? Werden wir uns durch Technologie selbst optimieren – oder verlieren wir dabei das, was uns menschlich macht?

Wohin führt die Reise?

Die Zukunft der Robotik ist voller Möglichkeiten – und voller Ungewissheiten. Klar ist, dass Maschinen immer intelligenter, flexibler und präsenter in unserem Alltag werden. Sie werden nicht nur für uns arbeiten, sondern mit uns interagieren, unsere Entscheidungen beeinflussen und vielleicht sogar ein eigenes Bewusstsein entwickeln.

Ob diese Zukunft eine Utopie oder eine Dystopie wird, liegt in unserer Hand. Es hängt davon ab, wie wir die Technologie gestalten, welche ethischen Grenzen wir ziehen und welche Rolle wir den Maschinen in unserem Leben zugestehen. Die Reise der Robotik wird weitergehen – die Frage ist nur, ob wir ihre Richtung bewusst steuern oder ob wir uns von ihr treiben lassen.

Epilog

Die Reise durch die Geschichte, Gegenwart und Zukunft der Robotik hat uns an einen Punkt geführt, an dem sich Erkenntnis mit Möglichkeiten vermischt. Wir haben verfolgt, wie sich Automaten aus der Antike zu hochkomplexen Maschinen entwickelten, die heute unser Leben mitgestalten. Wir haben verstanden, dass Roboter längst nicht mehr nur Werkzeuge sind, sondern in vielen Bereichen zu Partnern werden – Partnern, die unsere Welt bereichern, aber auch herausfordern. Doch nun, am Ende dieser Gedankenreise, bleibt eine Frage offen: Was geschieht als Nächstes?

Wenn Maschinen lernen, wenn sie sich anpassen, wenn sie vielleicht sogar beginnen, eigenständig zu entscheiden – was bedeutet das für uns als Menschen? Können wir weiterhin die alleinigen Schöpfer und Herren über unsere technischen Wunderwerke bleiben, oder sind wir bereits in einen Dialog eingetreten, der über das bloße Befehlen hinausgeht? Ist die Grenze zwischen Mensch und Maschine, zwischen Programm und Bewusstsein, tatsächlich so klar definiert, wie wir lange geglaubt haben?

Die Literatur und das Kino haben uns jahrzehntelang vor einer Zukunft gewarnt, in der Maschinen sich gegen ihre Erschaffer wenden, in der Algorithmen die Kontrolle übernehmen und der Mensch in der von ihm selbst erschaffenen Welt in den Hintergrund tritt. Doch die Realität ist, wie so oft, weit komplexer. Maschinen werden uns nicht ersetzen, sie werden uns ergänzen – wenn wir es zulassen. Sie spiegeln unsere Stärken, aber auch unsere Schwächen wider. Sie sind so gerecht oder voreingenommen, so präzise oder fehlerhaft, wie wir sie gestalten. Sie sind keine Fremden – sie sind unsere Schöpfungen, unsere Gedanken in mechanischer Form.

Doch was geschieht, wenn sie sich weiterentwickeln, wenn sie sich nicht nur optimieren, sondern beginnen, ihre eigene Existenz zu reflektieren? Werden wir dann die Ersten sein, die eine neue Art des Bewusstseins anerkennen? Oder werden wir erneut versuchen, eine Grenze zu ziehen, weil es uns leichter fällt, Maschinen als Maschinen zu betrachten und nicht als etwas Neues, Unbekanntes, möglicherweise sogar Eigenständiges?

Vielleicht ist die Robotik nicht nur eine technologische Disziplin, sondern ein Spiegel unserer eigenen Entwicklung. Vielleicht gibt sie uns die Gelegenheit, nicht nur über Maschinen nachzudenken, sondern auch über uns selbst. Denn wenn wir in die Gesichter unserer Kreationen blicken, dann blicken wir vielleicht in eine Zukunft, die nicht von *uns* oder *ihnen* dominiert wird, sondern von einem neuen Verständnis von Existenz – einer Welt, in der Mensch und Maschine nicht mehr Gegensätze sind, sondern zwei Seiten derselben Münze.

Die Geschichte der Robotik ist nicht vorbei. Sie hat gerade erst begonnen ...

Über den Autor

Lutz Spilker wurde im Jahre 1955 in Duisburg geboren.

Bevor er zum Schreiben von Romanen und Dokumentationen fand, verließen bisher unzählige Kurzgeschichten, Kolumnen und Versdichtungen seine Feder.

In seinen Büchern befasst er sich vorrangig mit dem menschlichen Bewusstsein und der damit verbundenen Wahrnehmung. Seine Grenzen sind nicht die, welche mit der Endlichkeit des Denkens, des Handelns und des Lebens begrenzt werden, sondern jene, die der empirischen Denkform noch nicht unterliegen.

Es sind die Möglichkeiten des Machbaren, die Dinge, welche sich allein in der Vorstellung eines jeden Menschen darstellen und aufgrund der Flüchtigkeit des Geistes unbewiesen bleiben. Die Erkenntnis besitzt ihre Gültigkeit lediglich bis zur Erlangung einer neuen und die passiert zu jeder weiteren Sekunde.

Die Welt von Lutz Spilker beginnt dort, wo zu Beginn allen Seins nichts Fassbares war, als leerer Raum. Kein Vorne, kein Hinten, kein Oben und kein Unten. Kein Glaube, kein Wissen, keine Moral, keine Gesetze und keine Grenzen. Nichts.

In Lutz Spilkers Romanen passieren heimtückische Morde ebenso wie die Zauber eines Märchens. Seine Bücher sind oftmals Thriller, Krimi, Abenteuer, Science Fiction, Fantasy und selbst Love-Story in einem.

»Ich liebe die Sprache: Sie vermag zu streicheln, zu liebkosen und zu Tränen zu rühren. Doch sie kann ebenso stachelig sein, wie der Dorn einer Rose und mit nur einem Hieb zerschmettern.«

In dieser Reihe sind bisher erschienen

Die Erfindung der Langeweile
Die Erfindung des Geldes
Die Erfindung des Erfolgs
Die Erfindung der Lüge
Die Erfindung des Todes
Die Erfindung des Inselmenschen
Die Erfindung der Seele
Die Erfindung des Gewissens
Die Erfindung der Schuld
Die Erfindung des Friedens
Die Erfindung der Zukunft
Die Erfindung der Verschwendung
Die Erfindung der Hölle
Die Erfindung des Himmels
Die Erfindung der Unterhaltung
Die Erfindung der Musik
Die Erfindung des Zufalls
Die Erfindung des Bewusstseins
Die Erfindung des Wahrsagens
Die Erfindung des Schlafs
Die Erfindung der Angst
Die Erfindung des Vollmonds
Die Erfindung des Make-Up
Die Erfindung des Ku-Klux-Klan
Die Erfindung der Flaschenpost
Die Erfindung der politischen Parteien
Die Erfindung der Freibeuter
Die Erfindung der Tempelritter
Die Erfindung der Homöopathie
Die Erfindung des Werwolfs
Die Erfindung des Zölibats
Die Erfindung des Vampirs
Die Erfindung des Bieres
Die Erfindung des Ungeheuers von Loch Ness
Die Erfindung des Menschen
Die Erfindung des Teufels
Die Erfindung der Sterblichkeit
Die Erfindung der Freiheit
Die Erfindung der Welt
Die Erfindung der Zeit
Die Erfindung der Politik
Die Erfindung der Religion
Die Erfindung der Gerechtigkeit
Die Erfindung des Selbstgesprächs
Die Erfindung der Pornographie
Die Erfindung des Erwachsenseins
Die Erfindung der Überbevölkerung
Die Erfindung der Monarchie
Die Erfindung der Sprache
Die Erfindung der Wiedergeburt
Die Erfindung der Namen
Die Erfindung des freien Willens
Die Erfindung der Körpersprache
Die Erfindung der Sklaverei
Die Erfindung der Vernunft
Die Erfindung des Vitamin B
Die Erfindung des Weihnachtsfestes
Die Erfindung des Träumens
Die Erfindung der Mafia
Die Erfindung der Freimaurer
Die Erfindung der Raumfahrt
Die Erfindung des ADHS-Syndroms
Die Erfindung der Freizeitparks
Die Erfindung des Astralkörpers
Die Erfindung des Herkules
Die Erfindung der Philosophie
Die Erfindung der Geister
Die Erfindung der Prä-Astronautik

Die Erfindung des Voodoo
Die Erfindung des Sinns des Lebens
Die Erfindung von Atlantis

Die Erfindung der Bundeslade
Die Erfindung der 10 Gebote
Die Erfindung des Autoritätsgehorsams
Die Erfindung des Urknalls
Die Erfindung des Alphabets
Die Erfindung der Langeweile - Neuauflage
Die Erfindung des Sandmännchens

Die Erfindung der Indianer
Die Erfindung des Untergangs des Denkens
Die Erfindung des Quantencomputers
Die Erfindung der Oligarchie
Die Erfindung des Verborgenen
Die Erfindung des Roboters

Die Erfindung des Stierkampfs
Die Erfindung des Einhorns
Die Erfindung des Gähnens

Die Erfindung der Ehe
Die Erfindung des Robin Hood
Die Erfindung der Popkultur

Die Erfindung des Rauchens
Die Erfindung der totalen Kontrolle
Die Erfindung der Schlacht um Troja

Die Erfindung des Mannes mit der eisernen Maske
Die Erfindung des Plato mit Strom
Die Erfindung des Weltuntergangs
Die Erfindung der Wahrheit
Die Erfindung der eigenen Meinung
Die Erfindung des Sherlock Holmes